INTRIGAS MAQUIAVELICAS EN EL CAPITOLIO

TRUMP, BIDEN ...

D. Gregorio Negro Maldonado

IA GENERATIVE API OPENAI

ISBN: 9798874039493

Sello: Independently published

ÍNDICE

DEDICATORIA

Dedicado a la aristocracia política, cuya astucia evoca a Maquiavelo, la ironía mordaz de Quevedo y el cinismo de Diógenes. Que este libro sirva como un espejo de sus juegos de poder, donde la verdad y la ética se entrelazan en un delicado baile, recordándoles que la grandeza y la caída están separadas solo por un fino hilo

PROLOGO

Prólogo: Maquiavelo en la Era Moderna

En las páginas que siguen, nos adentramos en un viaje intelectual que busca tender un puente entre la filosofía de Nicolás Maquiavelo y el intricado tablero de la era moderna. Maquiavelo, a menudo malinterpretado y vilipendiado, es una figura que evoca tanto admiración como controversia. En este análisis contemporáneo, su obra "El Príncipe", un manual de poder y realpolitik se examina a través de la lente de los desafíos y realidades del siglo XXI.

El mundo actual, con su constante flujo de información, la omnipresencia de las redes sociales, y la complejidad de las relaciones internacionales, parece a primera vista distante del escenario renacentista de Maquiavelo. Sin embargo, las esencias de poder, ambición y política permanecen sorprendentemente constantes. Este libro propone que los principios maquiavélicos, cuando se despojan de su ropaje histórico y se aplican con discernimiento, ofrecen una perspectiva valiosa y, a menudo, inquietantemente precisa sobre las dinámicas de poder contemporáneas.

Exploramos cómo la separación maquiavélica entre ética y política, la idea de que el fin justifica los medios, resuena en el contexto de nuestras democracias modernas, las corporaciones multinacionales, y los movimientos sociales. En un mundo donde la imagen y la percepción a menudo eclipsan la realidad, las tácticas de Maquiavelo adquieren una nueva dimensión, revelando tanto estrategias para el éxito como advertencias éticas.

Este prólogo invita al lector a una reflexión crítica, no solo sobre Maquiavelo y su legado, sino también sobre nosotros mismos y nuestra sociedad. ¿Hemos avanzado más allá de las observaciones de Maquiavelo, o simplemente hemos cambiado el decorado detrás del cual se juegan los mismos dramas de poder y control? Con un análisis riguroso y ejemplos contemporáneos, este libro no busca proporcionar respuestas definitivas, sino incitar al diálogo y a la introspección sobre la naturaleza del poder y la ética en nuestro tiempo.

Capítulo 1: Introducción a la Política Contemporánea y el Maquiavelismo

En el vasto y enmarañado jardín de la política contemporánea, las flores del poder florecen bajo el riego constante del maquiavelismo, y los jardineros de turno, aquellos presidentes que han ocupado la Casa Blanca desde las postrimerías del siglo XX hasta esta era de caos digital, son los encargados de podar las ramas y abonar la tierra con promesas y engaños. Desde el carismático Clinton hasta el imprevisible Trump, pasando por la sobriedad de Bush, la elocuencia de Obama y la veteranía de Biden, todos han bebido, aunque algunos con disimulo, del vetusto manantial de Nicolás Maquiavelo.

Maquiavelo, ese florentino que redactó su manual de poder con la frialdad de un cirujano y la precisión de un relojero, no podía imaginar que su obra, "El Príncipe", se convertiría en el breviario no confeso de los mandatarios de la nación más poderosa del mundo. En sus páginas, el cinismo se viste de pragmatismo y la crueldad de necesidad, mientras que la astucia y la fortuna se dan la mano en un vals perpetuo.

La política contemporánea, amigos lectores, no es más que un escenario donde se representa una obra teatral escrita por Maquiavelo hace siglos. Los actores cambian, pero el guion permanece inalterable. La búsqueda del poder y su conservación son los dos pilares sobre los que descansa el templo de la política estadounidense, y quizás, de toda política desde que el hombre es hombre.

Donald Trump, con su estilismo de magnate de casino y su retórica incendiaria, no es sino la encarnación del príncipe que no teme ser temido, que prefiere ser respetado antes que amado. Su reinado, marcado por la polarización y la sorpresa, fue el de un hombre que entendió que en el juego del poder no hay reglas, solo ganadores y perdedores.

Joe Biden, en contraste, busca presentarse como el abuelo bonachón de América, aquel que restaurará el alma de la nación. Pero, no nos engañemos, detrás de su sonrisa afable y sus palabras de conciliador se esconde la astucia de un político que ha sobrevivido en el pantano de Washington durante décadas. Su maquiavelismo es el de la paciencia y la perseverancia, el de quien espera su momento en las sombras.

Barack Obama, con su oratoria que parecía acariciar los ideales más nobles del alma humana, fue el maestro de la imagen y el símbolo. Su presidencia fue un ajedrez en el que supo mover las piezas con una elegancia que disimulaba la firmeza de su juego. Fue el príncipe que conquistó corazones mientras consolidaba su poder con mano de hierro en guante de seda.

George W. Bush, con su aparente simplicidad texana y su política de la certeza, fue el príncipe de la fortaleza asediada, aquel que gobernó en tiempos de crisis y terror. Sus decisiones, a menudo criticadas, reflejaban la crudeza de un mundo que requería medidas drásticas, y quien sabe si en momentos de soledad no encontraría consuelo en las páginas de Maquiavelo.

Bill Clinton, el encantador de la política, utilizó su carisma como arma y su inteligencia como escudo. Su maquiavelismo se reveló en el arte de la negociación y el escándalo, manejando las adversidades con la destreza de un funambulista sobre la cuerda de la moralidad.

Cada uno de estos presidentes ha interpretado a su manera el manual del poder, adaptando sus lecciones a los retos y circunstancias de su tiempo. En esta obra descubriremos cómo el maquiavelismo no solo sigue vigente, sino que es la esencia misma de la política contemporánea. Con una pizca de humor negro y una mirada crítica, nos adentraremos en las intrigas y las estrategias de quienes han ocupado el despacho oval, desnudando sus triunfos y sus miserias bajo la lente imperturbable de Maquiavelo.

Así que abróchense los cinturones, porque el viaje que nos espera está lleno de curvas peligrosas, subidas vertiginosas y bajadas al abismo de la ética. Bienvenidos al juego del poder en su expresión más pura, donde cada movimiento es un paso en el baile de los príncipes modernos.

Capítulo 1.1: Panorama Actual de la Política Global: El Gran Tablero de Ajedrez

En la vasta arena de la política global, los movimientos se ejecutan con la precisión de un relojero suizo y la astucia de un zorro en el gallinero. Hoy día, el juego se ha vuelto más complejo que en los tiempos de aquel florentino, Nicolás Maquiavelo, cuyos consejos aún resuenan en los pasillos del poder como un eco que no quiere morir.

Observamos cómo en el tablero actual, las piezas se han multiplicado y los jugadores detrás de ellas, aunque cambiantes, perpetúan la danza del poder con pasos aprendidos de sus antecesores. Trump, con su manejo maestro del espectáculo y la distracción, cual mago en su teatro, nos mostró que el poder no sólo se ejerce, sino que se ostenta y se vende al mejor postor de la opinión pública.

Biden, por su parte, pretende ser el estratega que mueve sus peones con una mano temblorosa pero decidida, buscando recuperar el terreno perdido y realinear alianzas con la sutileza de un jugador de ajedrez que, en el ocaso de su partida, aún cree en la posibilidad de un jaque mate.

Obama, el orador elocuente, supo combinar la diplomacia con la firmeza, tejiendo redes que iban más allá de los hilos visibles de la política. Su legado es como un libro de jugadas que aún se consulta en momentos de incertidumbre.

Bush, con la mirada puesta en el horizonte de un mundo post 11-S, cambió las reglas del juego y nos recordó que en política, como en la guerra, la primera baja es la verdad. Su cruzada, disfrazada de libertad, nos dejó un tablero donde las torres y alfiles se convirtieron en drones y operaciones encubiertas.

Y Clinton, el seductor, nos enseñó que el carisma podría más que la espada, aunque su espada nunca estuvo realmente envainada. En la retórica de sus discursos, se escondían puñales afilados con los que cortaba las amenazas a su reinado.

Hoy, el panorama global es un entramado de hilos que se cruzan y enredan en una danza macabra. Las potencias occidentales se enfrentan al resurgimiento de viejos imperios que, como fantasmas de antiguas glorias, buscan reclamar su lugar en la historia. China, con su dragón económico despierto, extiende sus garras sobre tierras lejanas, seduciendo con la seda de la Ruta de la Seda y el acero de su creciente poderío militar.

Rusia, bajo la sombra zarista de Putin, juega sus cartas con la frialdad de un invierno siberiano, recordándonos que los zares nunca se fueron, solo se camuflaron bajo la piel de un oso que ruge en la estepa.

Y en este caos orquestado, la Unión Europea, esa dama que intenta mantener la compostura mientras su vestido se deshilacha, busca una voz unificada en un coro de naciones que a menudo desafina.

En América Latina, los líderes bailan al son de una música que cambia con el viento, y en Oriente Medio, el juego es de un calibre tan explosivo que cada movimiento debe medirse con la precisión de un artificero.

En este escenario, los principios maquiavélicos brillan con luz propia: es mejor ser temido que amado, si no puedes ser ambos. Los líderes mundiales, en su lucha por el poder, deben navegar entre ser el príncipe amado por su pueblo y el temido por sus enemigos. Y mientras tanto, el pueblo, ese gran espectador olvidado, observa desde las gradas esperando el próximo acto de esta obra que parece no tener fin.

En resumen, el panorama actual de la política global es un ajedrez donde cada movimiento es un estudio de la naturaleza humana, cada alianza un acuerdo con el diablo, y cada líder un alumno ávido de las lecciones del pasado, dispuesto a sacrificar peones en su lucha por la supervivencia. Y en este juego, como en todos, solo el tiempo dirá quiénes serán los verdaderos vencedores y quiénes meras notas a pie de página en los libros de historia.

1.2. Maquiavelo y el Maquiavelismo: Una Revisión Histórica

En el albor de la política moderna, un florentino de mirada aguda y pluma afilada delineó el contorno de lo que sería una de las figuras más controvertidas y fascinantes del análisis político: el príncipe maquiavélico. Nicolás Maquiavelo, secretario y diplomático, vio el poder no como un ideal platónico, sino como un artefacto de carne y hueso, forjado en el fuego de la ambición humana y templado en las aguas de la astucia.

Sus escritos, especialmente "El Príncipe", se convirtieron en la piedra Rosetta para descifrar las maniobras de poder en las cortes europeas y, con el tiempo, en cualquier corredor de poder del mundo. El maquiavelismo, ese término que nace de su legado, se refiere al uso calculador y a menudo sin escrúpulos de la astucia y el engaño en la política. Sin embargo, a Maquiavelo se le malinterpretó con frecuencia; él no abogaba por la maldad gratuita, sino por la pragmática eficiencia en la conservación del Estado.

En la vorágine de la política estadounidense, los ecos de Florencia resuenan en cada decisión, cada pacto y cada sonrisa de dientes apretados. La sombra de Maquiavelo se extiende larga y oscura sobre los presidentes de la era moderna, cada uno interpretando su rol en este gran teatro del poder.

Tomemos, por ejemplo, a Bill Clinton, con su carismática habilidad para navegar las aguas turbulentas de la política interna y externa. Su presidencia fue un acto de equilibrio maquiavélico, manteniendo la imagen del 'hombre del pueblo' mientras ejecutaba maniobras dignas de un príncipe renacentista.

Y qué decir de George W. Bush, cuya administración, en la estela de la tragedia y el miedo, empujó al país a guerras con una justificación que Maquiavelo habría encontrado, si no éticamente sonora, sí estratégicamente astuta. La política del miedo, un instrumento tan viejo como la política misma, fue empleada con una eficacia que hubiese hecho asentir al mismísimo autor de "El Príncipe".

Luego, Barack Obama, el orador elocuente, que con su retórica inspiradora y su promesa de cambio, ascendió al panteón del poder. Pero incluso él, con su idealismo y su integridad aparente, no pudo evitar las jugadas maquiavélicas. El uso de drones y las operaciones especiales en territorio extranjero fueron el látigo oculto tras la capa del pacificador.

Y entonces llegó el torbellino llamado Donald Trump, cuyo gobierno parecía a veces ser una parodia grotesca de las lecciones maquiavélicas. La audacia, la imprevisibilidad, el desdén por las normas establecidas — todas estas fueron herramientas en su caja de poder, aunque su uso, errático y a menudo contraproducente, más parecía sacado de una versión burda y sin pulir de "El Príncipe".

Con Joe Biden, la nación vio una vuelta a un estilo más tradicional de liderazgo, aunque las sombras maquiavélicas nunca dejan de acechar. La retirada de Afganistán, un movimiento que dejó tanto admiradores como críticos, fue una decisión que, en su esencia, podría verse como una retirada estratégica digna de un análisis maquiavélico sobre el costo y beneficio para el Estado.

Maquiavelo enseñó que el líder debe ser amado y temido, pero si no puede ser ambos, que al menos sea temido. Los presidentes de Estados Unidos, en su danza con el poder, han oscilado entre el amor de sus seguidores y el temor de sus adversarios. Han tenido que ser zorros para reconocer las trampas y leones para asustar a los lobos, tal como aconsejaba el sagaz florentino.

El maquiavelismo no es un manual de maldad; es una lente a través de la cual podemos observar el juego del poder en su forma más pura y elemental. Los líderes contemporáneos, conscientes o no, juegan a este juego. Y mientras el mundo sigue girando, los intrincados bailes de poder en el Capitolio continúan siendo un tributo a la perdurable relevancia de Maquiavelo en el arte de gobernar.

Capítulo 2: Los Cimientos del Pensamiento Maquiavélico

En la vorágine de la política moderna, donde los titanes chocan y las alianzas se forjan y deshacen al ritmo de un tuit, es esencial regresar a las raíces del poder para comprender el juego en su forma más pura. Nicolás Maquiavelo, aquel retorcido poeta de la dominación política, nos dejó en "El Príncipe" un manual de estrategias tan vigente como controvertido, tan admirado como temido.

Fue allí, en aquella obra inmortal, donde Maquiavelo delineó los fundamentos de su pensamiento, principíos que, a pesar de los siglos, resuenan con inquietante actualidad en los pasillos del Capitolio. Este capítulo desnudará esos cimientos, y cómo, en un giro de ironía histórica, han sido aplicados por los líderes estadounidenses en su perpetua danza por el poder.

"El fin justifica los medios", quizás la máxima más célebre y malinterpretada de Maquiavelo, nos recuerda que en la política, las victorias se miden en resultados, no en intenciones. Trump, con su descarado asalto a las convenciones, personificó esta idea, desviando el curso del Partido Republicano hacia una era de audacia sin precedentes. Su pragmatismo, a menudo confundido con cinismo, fue un claro reflejo del maestro italiano.

Pero no solo el magnate de los rascacielos se vio influenciado por el espíritu de Maquiavelo. Obama, con su carismática presencia y su habilidad para tejer coaliciones, también entendió la importancia de la imagen y la percepción. Maquiavelo enseñó que un príncipe sabio debe parecer virtuoso, aunque no lo sea. Y así, el príncipe de Chicago supo encarnar esperanza y cambio, mientras operaba las palancas del poder con mano firme y a veces oculta.

Biden, por su parte, encarna la prudencia maquiavélica, esa capacidad de moverse con cautela y adaptarse a las circunstancias. Con una carrera política que es un tratado en paciencia y perseverancia, Joe ha sabido cuándo retirarse y cuándo avanzar, siempre con la mirada puesta en la longevidad de su influencia.

No nos olvidemos de Bush y Clinton, cada uno en su tiempo, quienes también jugaron sus cartas en el tablero maquiavélico del poder. Bush, con su "eje del mal", y Clinton con su "no es la economía, estúpido", supieron encontrar enemigos y lemas que movilizaran al pueblo y justificaran sus acciones.

Este capítulo, mis estimados lectores, no busca santificar ni condenar a estos protagonistas de la historia reciente. Más bien, pretende mostrar cómo las enseñanzas de un florentino del siglo XV han permeado en la esencia misma de la política contemporánea. Con una pizca de humor negro y una mirada crítica, hemos de reconocer que todos, en mayor o menor medida, han bebido de la copa de Maquiavelo, aunque pocos se atrevan a admitirlo en voz alta.

Ahora, mientras contemplamos el ajedrez político que se despliega ante nosotros, recordemos que las piezas se mueven sobre un tablero que Maquiavelo ayudó a diseñar. Y en ese diseño, el poder no es más que la suma de las voluntades humanas, moldeadas por la astucia, la oportunidad y, por supuesto, la audacia. Bienvenidos sean, pues, al juego de los tronos moderno, donde los fundamentos de Maquiavelo son el susurro constante detrás de cada decisión, de cada victoria, de cada derrota.

Capítulo 2.1. "El Príncipe": Contexto y Filosofía

En la jungla del poder que se extiende bajo la cúpula del Capitolio, la figura del Príncipe se ha transmutado. Ya no lleva corona ni manto de terciopelo, sino corbata y pin de la bandera. Pero los dictámenes de Maquiavelo, ese sutil observador del renacimiento, aún resuenan en los pasillos resonantes de poder como ecos de una verdad incómoda: el poder justifica los medios.

El contexto contemporáneo no dista mucho del que enfrentaba el Príncipe de Maquiavelo. El tablero de ajedrez político sigue compuesto por los mismos peones y las mismas reinas, aunque los movimientos han adquirido nuevas reglas y los jaques matan con más sutileza.

El Príncipe moderno, ya sea Trump con su bravuconería de magnate convertido en comandante, Biden con su sonrisa de abuelo amable pero calculadora, Obama con su carisma de líder que encandila, Bush con su cowboyada presidencial, o Clinton con su saxofón y su habilidad de esquivar escándalos, todos han bebido del mismo cáliz maquiavélico, aunque con distintos matices.

La filosofía de Maquiavelo no es una receta exacta, sino más bien una serie de observaciones agudas sobre la naturaleza humana y el ejercicio del poder. El Príncipe debe ser astuto como un zorro y feroz como un león; debe inspirar miedo en la medida necesaria para mantener a raya a los lobos, pero no tanto como para ser odiado por las ovejas. ¿Acaso Trump no encarnó la ferocidad al desafiar las normas establecidas? ¿No es Biden acaso el zorro que busca la unidad en la diversidad, con palabras que pretenden ser melosas pero detrás de las cuales acechan dientes afilados?

Obama, en tanto, jugó en el alambre del equilibrio, con una sonrisa que ocultaba la determinación del que sabe que el poder es un juego de tronos donde o ganas o mueres (figuradamente, en la política moderna, por supuesto). Bush, por su lado, montó el toro de la guerra con una bandera en mano, y Clinton, ah, ese sí que fue un Príncipe del renacimiento en pleno siglo XX, capaz de tocar el saxofón mientras el capitolio arde en rumores y escándalos.

Pero volvamos a la filosofía, que en política, como en la guerra, los principios son tan volátiles como el apoyo de un Super PAC. Maquiavelo enseñó que el Príncipe debe adaptarse a los tiempos, ser camaleónico. La virtud, en su sentido político, no es más que la capacidad de moldarse a las circunstancias y salir victorioso. ¿Acaso no hemos visto a nuestros líderes mutar sus discursos, alianzas y políticas en función del viento que sopla desde las urnas?

El Príncipe debe saber cuándo ser amado y cuándo temido, cuándo ser liberal y cuándo tirano, cuándo inmutable y cuándo versátil. Y en este juego, los presidentes estadounidenses recientes han sido maestros, cada uno a su manera, cada uno con su estilo, pero todos con el libro de Maquiavelo bajo el brazo, aunque públicamente lo nieguen.

En la actualidad, el Príncipe ha cambiado de ropajes, pero el trono sigue siendo el mismo: un asiento de poder que requiere sagacidad, crueldad y, sobre todo, la habilidad de navegar en las turbulentas aguas del interés propio disfrazado de bien común. En este escenario, los ciudadanos, los votantes, somos a la vez súbditos y jueces, encantados por el canto de sirenas y aterrados por los dragones que se ocultan en la niebla de la retórica.

Maquiavelo, sentado en la barra de un bar moderno, con un trago en mano y una sonrisa irónica, todavía nos susurra al oído: "Aquel que no conoce el pasado está condenado a repetirlo". Y en ese bucle estamos, girando en la rueda de la fortuna política, observando cómo los Príncipes de nuestro tiempo danzan al ritmo de una música que, aunque suene nueva, tiene acordes que vienen de la antigua Florencia.

Capítulo 2.2. Conceptos Clave en la Obra de Maquiavelo

En los entresijos del poder, donde las sombras se alargan más que las virtudes, descansa la obra de un hombre que entendió la política como un tablero de ajedrez donde los peones y reyes se confunden: Niccolò Machiavelli. Su tratado "El Príncipe" no es solo un manual de uso para los aspirantes a déspotas ilustrados, sino una guía para entender los hilos que mueven a las marionetas en las altas esferas. Vamos a diseccionar algunos de esos conceptos maquiavélicos que, como podrán ver, calzan como anillo al dedo en la política actual de los Estados Unidos.

Primero, hablemos de la "virtù", un término que en boca de Machiavelli no tiene mucho que ver con la moralidad. La "virtù" es la habilidad de un líder para moldear su destino a través de la astucia, la fuerza y una pizca de crueldad. ¿Les suena de algo? Basta con mirar el ascenso de Trump, un hombre que transformó cada escándalo en un peldaño hacia la Casa Blanca. O la "virtù" de Obama, que supo encandilar con palabras que eran como miel para las abejas, aunque a veces carecieran del aguijón de la acción.

Luego está la "fortuna", esa diosa caprichosa que puede sonreír o dar la espalda sin previo aviso. Machiavelli la veía como una amante voluble, que prefería a los audaces. Clinton y Bush pueden dar fe de ello; ambos navegaron por las aguas turbulentas de la fortuna con diferentes destrezas. Clinton, con su carisma de saxofonista nocturno, y Bush, con la determinación de quien cree tener el mandato divino, sortearon sus crisis con suerte dispar.

Pero si hay algo que nos enseña el florentino es el valor de la percepción. En política, ser y parecer a menudo se funden en un tango indistinguible. Biden, con su aura de abuelo bonachón, ha sabido jugar este juego, aunque a veces tropiece con sus propios pasos. La imagen es tan importante como la acción, y en este teatro de sombras, los espejos están siempre dispuestos a distorsionar la realidad a favor del más hábil.

No olvidemos el concepto de "crueldad bien utilizada". Oh, qué delicado tema en estos tiempos de corrección política, pero Machiavelli no tenía pelos en la lengua. La crueldad, si es necesaria, debe ser rápida y efectiva. ¿Qué decir entonces de las decisiones difíciles, de las guerras y los ataques con drones? Bush y Obama pueden ser testigos de cómo el peso de la corona exige a veces actos que harían palidecer al más temerario.

Finalmente, hablemos de la "libertad". Para Machiavelli, mantener al pueblo libre de opresión no era un acto de benevolencia, sino una estrategia para evitar rebeliones. ¿No es acaso esta la máxima que siguen nuestros líderes, prometiendo libertad mientras tejen una red de vigilancia y control más apretada que las ligaduras de un corsé?

En resumen, la obra de Machiavelli es un espejo en el que nuestros políticos se miran, a veces sin querer admitir que reconocen su propio reflejo. Trump, Biden, Obama, Bush, Clinton... todos han bailado al son que les toca "El Príncipe", con mayor o menor gracia. Al final del día, el poder es un juego de sombras y luces, y Machiavelli sigue siendo el titiritero invisible que susurra en el oído de aquellos que se sientan en el trono, aún cinco siglos después.

Capítulo 2.3: Maquiavelo sobre el Poder y la Moralidad

En el ajedrez del poder, las piezas se mueven con una mano invisible que huele a tinta antigua y a consejos de un florentino que no temía ensuciarse las manos. Nicolás Maquiavelo, ese susurrante espectro en los pasillos del Capitolio, bien podría sonreír desde su tumba al observar cómo sus lecciones de "El Príncipe" se aplican con tal devoción en el teatro de operaciones de la política estadounidense.

El poder y la moralidad, dos amantes en constante disputa, se entrelazan en una danza macabra donde el fin justifica los medios. ¿Qué diría Maquiavelo al ver a Trump, con su bravuconería de magnate, despedazando el manual de etiqueta política con la precisión de un carnicero? "Un príncipe debe tener poco cuidado de incurrir en la infamia de aquellos vicios sin los cuales difícilmente puede salvar su estado", podría susurrar en su oído, justificando sus tácticas de choque y asombro.

Biden, con su imagen de abuelo benévolo, podría parecer el antítesis del ideal maquiavélico. No obstante, su ascenso al trono demuestra la comprensión de una regla fundamental: es mejor ser amado que temido, sí, pero es más seguro ser ambas cosas. Su sonrisa calmada esconde una astucia que abraza la dualidad de ser un líder en tiempos de polarización.

Obama, con su retórica que cautivaba a las masas y su elegancia en la estrategia política, ejemplifica la precepto maquiavélico de que un líder debe ser un gran simulador y disimulador. Su habilidad para navegar las turbulentas aguas de la política interna y externa con gracia y eficacia, es un claro reflejo de que comprendía que la moralidad es un vestido que debe lucirse en público, pero que puede colgarse en el armario privado del poder cuando las circunstancias lo requieren.

Bush y Clinton, cada uno con su propio estilo, también fueron estudiantes de las sombras maquiavélicas. El primero, con su "eje del mal" y la guerra contra el terror, demostró que el miedo es una herramienta poderosa para consolidar el poder. El segundo, con su carisma y habilidad para eludir escándalos, entendió que la popularidad puede ser tan efectiva como el miedo para mantenerse a flote en las turbulentas aguas de la política.

En el reino de la democracia americana, donde la corona se pasa cada cuatro años, los soberanos deben balancear en una cuerda floja la moralidad y el poder. Maquiavelo nunca dijo que ser príncipe fuera tarea fácil, sino todo lo contrario. Aconsejaba que el gobernante debía ser un zorro para reconocer las trampas y un león para espantar a los lobos. Y en el Capitolio, los lobos no solo aúllan, sino que visten trajes de seda y corbatas de rayas.

Sin embargo, en esta tragicomedia de poder, no hay que olvidar que la moralidad no es más que una moneda de cambio, una herramienta retórica para aquellos que buscan un lugar en la historia. Es el poder, ese elixir embriagador, lo que en realidad mueve el mundo. Y así, bajo la mirada atenta y astuta de Maquiavelo, los líderes actuales continúan jugando el juego más antiguo de la humanidad, donde la única regla es ganar, cueste lo que cueste.

Y en este juego, querido lector, no hay honor en la derrota, solo lecciones para la próxima partida. Porque en el ajedrez de la supremacía política, como bien sabía nuestro florentino, el peón y el rey vuelven a la misma caja al final del día.

Capítulo 3: Maquiavelismo en la Política Global Moderna

El maquiavelismo, queridos lectores, no es un arte perdido en los anales de la historia; es más bien una tradición que se ha transmitido con la sutileza de un susurro en el viento, impregnando las estrategias de los líderes mundiales y sus juegos de poder. Navegando por estas aguas turbulentas de la política global, encontramos que el manual de Nicolás Maquiavelo, "El Príncipe", es más que un tratado renacentista; es una guía que atraviesa los siglos, moldeando y esculpiendo la realidad política de nuestra era.

En el tablero contemporáneo, donde las fichas son naciones y los movimientos se miden en sanciones, tratados y guerras económicas, los actores principales han aprendido a vestir la piel del zorro para esconder sus colmillos de lobo. Observemos, por ejemplo, la astucia de ciertos líderes que, como recomendaría Maquiavelo, han sabido mantener a su pueblo entretenido con el pan y el circo digital, mientras sus manos juegan a ser titiriteros de la geopolítica.

El siglo XXI ha sido testigo de cómo el maquiavelismo se ha adaptado a la era de la información. Ahora, las batallas no solo se libran en campos de guerra, sino en el vasto y etéreo reino de la ciberesfera. La desinformación se ha convertido en un instrumento tan poderoso como cualquier ejército, y quienes mejor la manejan son aquellos que, al estilo de Maquiavelo, entienden que la verdad es una mercancía maleable.

Observemos a Vladimir Putin, maestro del ajedrez político, que ha sabido utilizar la ambigüedad y la sorpresa como nadie; su capacidad para aparecer como aliado y adversario a la vez es digna del mejor discípulo de Maquiavelo. ¿Y qué decir de Xi Jinping? Su "Sueño Chino" es una narrativa cautivadora que oculta las garras del dragón detrás de un velo de prosperidad económica y estabilidad política. Ambos líderes, sin duda, serían motivo de estudio y admiración por parte del mismísimo autor de "El Príncipe".

Pero no nos quedemos en el Viejo Mundo, crucemos el charco y volvamos a nuestras amadas y controvertidas tierras americanas. Aquí, el maquiavelismo se siente como el aire que se respira en los pasillos del poder. Durante su mandato, Donald Trump entendió a la perfección la máxima de ser amado y temido. Su presidencia fue una montaña rusa de emociones, donde los escándalos eran moneda corriente y la imprevisibilidad, su estrategia de gobierno. Biden, por otro lado, con su apariencia de abuelo bonachón, ha sabido también jugar sus cartas, mostrándose como la antítesis de su predecesor, pero sin abandonar el tablero de ajedrez donde las piezas se mueven al ritmo de los intereses nacionales.

En este juego de sombras, donde las democracias y autocracias bailan un tango de intereses encontrados, los líderes actuales deben saber equilibrar la moralidad con la eficacia. Obama, con su elocuencia y carisma, supo navegar estas aguas, aunque no sin sacrificar algunos ideales en el altar del pragmatismo político. Y antes que él, Bush y Clinton, cada uno con su estilo, demostraron que los tentáculos del maquiavelismo se extienden más allá de las fronteras y los océanos, enlazando al mundo en una compleja red de alianzas y antagonismos.

En conclusión, el maquiavelismo en la política global moderna es un juego de espejos y sombras, donde los líderes deben ser magos y guerreros a la vez, sabiendo cuándo mostrar la zanahoria y cuándo blandir el garrote. Los grandes jugadores de este milenio han demostrado que las enseñanzas de Maquiavelo no solo están vigentes, sino que son esenciales para comprender los laberintos del poder en los que nos encontramos inmersos.

Así, en este capítulo, hemos desentrañado un poco los hilos que mueven a las marionetas de la escena mundial. Aprendamos, pues, de estos maestros del engaño y la astucia, no para juzgarlos, sino para entender el eterno arte de la política, donde la máscara de la virtud a menudo oculta la férrea voluntad de poder.

3.1 Principios Maquiavélicos en la Política Contemporánea

En las sombras de los corredores del poder, donde los susurros y las promesas tienen más peso que el oro, florece el árbol de la política contemporánea. Sus raíces, profundas y retorcidas, se nutren de las enseñanzas de un florentino que nunca imaginó que su nombre sería sinónimo de astucia y realpolitik: Nicolás Maquiavelo. Hoy, sus principios siguen siendo herramientas para los artífices del Capitolio, que, con la mano sobre el corazón y la otra escondida, practican el noble arte de la supervivencia política.

La arena política estadounidense, ese circo de leones y gladiadores en corbata y tacones, es feudo de los que saben leer entre líneas el manual del buen príncipe moderno. Trump, con su leonina melena y su rugido tuitero, destiló aquella máxima maquiavélica: es mejor ser temido que amado. Su reinado, aunque breve, fue un espectáculo de poder y miedo, donde la fidelidad se medía en retuits y la disidencia se castigaba con el ostracismo público.

Biden, el viejo zorro disfrazado de paloma, comprendió que para conquistar el trono debía parecer piadoso, fiel, íntegro, humano y religioso, todas cualidades que Maquiavelo aconsejaba fingir con maestría. Su ascenso al poder no fue tanto una victoria de su carisma, sino de su habilidad para navegar las corrientes cambiantes del electorado, prometiendo ser la antítesis de su predecesor.

Obama, con su sonrisa de quien sabe qué cartas jugará después, encarnó la prudencia y el arte de no alinearse completamente con ninguna facción. Su gobierno fue un ajedrez viviente donde cada movimiento estaba calculado para mantener un equilibrio que le permitiera gobernar con cierta tranquilidad, aunque eso significara sacrificar peones en el altar de la conveniencia política.

Bush, con su mirada de quien no sabe si ha cazado una paloma o ha disparado contra su propio pie, mostró que el miedo es un instrumento poderoso. La guerra contra el terrorismo, si bien discutible en sus métodos y resultados, fue un ejemplo de cómo infundir temor puede ser utilizado para consolidar el poder y justificar acciones que, en tiempos de paz, hubieran sido inimaginables.

Clinton, el seductor de Arkansas, sabía que para mantenerse en el poder uno debe ser el camaleón más rápido del bosque. Supo adaptarse a los cambios, sobrevivir a escándalos y salir casi indemne, mostrando una sonrisa teflónica que nada parecía adherirse. Su capacidad para eludir adversidades es un caso de estudio en la habilidad de desviar la atención y salir airoso.

En el tablero político actual, donde cada movimiento es un enigma y cada alianza un posible engaño, los principios maquiavélicos son más relevantes que nunca. La acumulación de poder, la preservación del estado y el juego de la imagen pública siguen siendo las monedas de cambio en este casino de la democracia.

Los líderes y partidos políticos que comprenden y aplican estas reglas no escritas, aquellos que pueden sonreír mientras afilan el cuchillo, son quienes al final del día se sientan a la mesa a repartir el botín del poder. Y mientras el pueblo observa el espectáculo, entretenido y a menudo desencantado, los príncipes modernos estudian a Maquiavelo en la penumbra de sus despachos, conscientes de que la historia los juzgará no por sus intenciones, sino por su habilidad para navegar las turbulentas aguas de la política con astucia y sin escrúpulos. Porque, después de todo, ¿acaso no es esa la naturaleza del poder?

Capítulo 3.2. Casos de Estudio: Aplicación de Tácticas Maquiavélicas

El juego del poder en la gran urbe de Washington no difiere mucho de aquellas refinadas intrigas florentinas que Maquiavelo describiera con pluma afilada. En el tablero estadounidense, las piezas se mueven con una sutileza que haría sonrojar al propio Nicolás. Veamos, pues, cómo aquellos que han ocupado el trono de la Oficina Oval han aplicado, con mayor o menor destreza, las tácticas del autor de "El Príncipe".

El magnate tornado presidente, Donald Trump, no fue precisamente un discípulo de la discreción, pero sí un maestro de la distracción, una táctica maquiavélica si las hay. Mediante sus proclamas en Twitter, desviaba la atención de la prensa y sus adversarios hacia escaramuzas mediáticas mientras, en la sombra, movía las piezas de su agenda política. Así, bajo el humo de los fuegos artificiales de sus declaraciones, se fraguaron políticas que, para bien o para mal, pasaron con menos escrutinio del esperado.

Contrastando con la estruendosa presencia de Trump, Barack Obama fue el príncipe que gobernó con la seda del carisma y la palabra. Su capacidad de oratoria y su imagen pública impecable fueron las armas que blandió para ganarse la confianza del pueblo. Sin embargo, no dudó en utilizar la fortaleza de la vigilancia y el espionaje (recordemos el escándalo de la NSA) para mantener a raya a sus adversarios y aliados, demostrando que el velvet glove ocultaba una mano de hierro.

Joe Biden, en su anhelo de ser el sanador de una nación fracturada, ha buscado aplicar una táctica maquiavélica de conciliación temporal, ofreciendo un ramo de olivo a sus opositores mientras consolida su posición con decretos y medidas ejecutivas. La verdadera prueba de su maestría será su habilidad para mantener la fidelidad de su propio partido, mientras danza al borde del cuchillo que significa gobernar con una mayoría tan estrecha.

George W. Bush, el presidente que navegó la nave de Estado durante la tempestad del 11-S, aplicó la máxima maquiavélica de que es mejor ser temido que amado, al menos en la escena internacional. Su "Eje del Mal" y la decisión de invadir Iraq fueron jugadas de un hombre que creía en la virtud de la fuerza. No obstante, el tiempo ha mostrado que el temor sin el amor del pueblo puede dejar un legado tan inestable como las arenas de aquellos países que buscó controlar.

Bill Clinton, el saxofonista de la política, sabía cómo encandilar a la audiencia y cómo seducir al adversario con un encanto que resultaba casi sobrenatural. Su aplicación de las tácticas maquiavélicas fue más sutil, en el arte de la negociación y la triangulación política. Clinton mostró que el poder no solo se ejerce, sino que, en ocasiones, se teje como una red de influencias y favores que se extiende por todo el espectro político.

En cada uno de estos casos, vemos que la aplicación de las tácticas maquiavélicas no es un arte perdido, sino una práctica viva y adaptada a los tiempos modernos. Los líderes actuales, ya sea por instinto o estudio, continúan siguiendo el manual del florentino, aunque muchos no se atrevan a admitirlo. La pregunta que persiste es, ¿hasta qué punto estas tácticas les han permitido alcanzar la gloria o precipitar su caída? El tiempo, ese juez implacable, tendrá la última palabra.

Capítulo 3.3. Maquiavelo y la Ética en la Política Actual

En la moderna jungla de acero y cristal que es la política contemporánea, el espejismo de la ética se disfraza con sedas y sonrisas, pero tras cada apretón de manos se esconde un puñal bañado en la sabiduría de Maquiavelo. "El fin justifica los medios", susurra el fantasma del florentino en los pasillos del Capitolio, mientras los herederos de su pensamiento hacen malabares con los principios morales como si fueran simples monedas de cambio.

El juego político, ese ajedrez para gladiadores de corbata, es una danza donde lo "ético" se amolda a la melodía del poder. La figura de Trump, con su estentórea voz y su estilo de confrontación, podría ser vista como un avatar de la anti-ética, pero ¿acaso es el único? Su pragmatismo feroz y su habilidad para manipular las percepciones públicas son jugadas maestras en el tablero maquiavélico. No busca el bien común, sino el bien que le conviene, una distinción sutil que se pierde en el fragor de la batalla electoral.

Por otro lado, Biden, con su aire de abuelo bonachón y su retórica de "alma de la nación", parece encarnar un contraste ético. Sin embargo, aunque su casco brille bajo el sol de la moralidad, no deja de ser un veterano de mil batallas políticas, un sobreviviente que sabe que la virtud sin astucia es un suicidio político. Maquiavelo le hubiera aconsejado, sin duda, que el poder se conserva con las mismas artimañas que se adquiere.

Obama, con su elocuencia de orador y su aura de cambio, también jugó su partida maquiavélica, aunque siempre con una sonrisa que parecía prometer una nueva era de política ética. Pero incluso él, en su cruzada por el legado, tuvo que enfrentarse a la dura realidad de que la política es un terreno donde los ángeles temen pisar.

Bush y Clinton, cada uno con su propio libro de tácticas, supieron que en el gran teatro del poder, los escrúpulos éticos a menudo se quedan en el vestíbulo. Clinton, el carismático saxofonista, bailó al ritmo de la ambigüedad moral, mientras que Bush, el vaquero de la Casa Blanca, encontró en el fervor post-11 de septiembre el escenario perfecto para una narrativa donde la ética, a menudo, quedó relegada al papel de comparsa.

En este contexto, la ética se convierte en una máscara que se lleva en los actos públicos y se cuelga en la intimidad del despacho oval. Los discursos se cargan de moralidad, pero en las sombras, la realpolitik dicta otras reglas, reglas que Maquiavelo describió con precisión quirúrgica hace siglos.

No obstante, es importante recordar que la política, aunque sea un juego de poder, no puede desligarse completamente de la ética. Los ciudadanos, armados con el cetro del voto y el escudo de la opinión pública, actúan como un contrapeso a las maniobras maquiavélicas. Los líderes pueden abrazar la enseñanza del florentino, pero al final, son los gobernados quienes dictan el límite entre la astucia política y el cinismo descarado.

En la arena política actual, donde los ecos de Maquiavelo resuenan con fuerza, el desafío de equilibrar el poder con la ética sigue siendo tan relevante como en la época de "El Príncipe". Los actores cambian, pero la obra continúa, y el público, cada vez más exigente, espera ver no solo maestría en el arte de gobernar, sino también una pizca de decencia en aquellos que se sientan en el trono de la democracia.

Capítulo 4: Teoría Política y Práctica: Contraste y Comparación

En el tablero de ajedrez de la política contemporánea, las piezas se mueven con una gracia que oscila entre la torpeza del elefante en una cacharrería y la sutileza del zorro en el gallinero. En esta partida, los grandes jugadores han sido maestros y aprendices de una disciplina que, aunque cambia de rostro, mantiene intacta su esencia maquiavélica. La teoría y la práctica se encuentran y desencuentran en este baile de máscaras que es la política estadounidense.

Tomemos, por ejemplo, la figura de Donald Trump, el magnate convertido en comandante. Su ascenso fue el de un príncipe renacentista, usando la fortuna, el poder y la palabra como armas. Trump no solo leyó el manual de Maquiavelo; lo reescribió con neones y lo tuiteó en capítulos de 280 caracteres. Su práctica política fue el arte de lo espectacular, donde cada acción buscaba la polarización y la consolidación de su base, al mejor estilo de "divide y vencerás".

En contraste, la llegada de Joe Biden al poder fue como un intento de retorno a la política de los salones, donde la cortesía y la experiencia pretenden suplantar la bravuconería. Biden, con sus aires de estadista clásico, parece buscar la armonía en el caos, la concordia en la discordia. Pero no nos engañemos, tras esa sonrisa de abuelo bonachón, subyacen los dientes afilados del lobo. Su política es la del equilibrista que debe recordar que en la cuerda floja, un paso en falso no solo significa la caída, sino el olvido.

Barack Obama, el carismático orador, encarnó la esperanza y el cambio con la elegancia de un caballero del Renacimiento. Pero incluso él, con su aparente adhesión a los ideales más nobles, no escapó a la necesidad de maniobrar en las sombras cuando la situación lo requería. Su gobierno fue un tablero donde se movieron piezas con precisión, en un juego de luces y sombras que Maquiavelo hubiera aplaudido.

George W. Bush, con su política exterior de vaquero, mostró que la fortaleza y la determinación pueden ser tanto virtud como defecto. En su cruzada contra el "eje del mal", Bush desplegó una estrategia que combinaba el miedo y la fuerza, una práctica que, aunque lejana de los ideales democráticos, resonaba con un sector del electorado que buscaba seguridad a cualquier precio.

Bill Clinton, el saxofonista de la política, supo encantar con su habilidad para conectar con la gente y su talento para la improvisación. Sin embargo, detrás de su carisma, Clinton ejecutaba una política pragmática, donde la flexibilidad y la adaptación eran claves para la supervivencia política. Su capacidad para bailar al son que tocaban le permitió navegar por aguas turbulentas, aunque a veces el ritmo lo llevase a danzar demasiado cerca del abismo.

En la práctica, todos estos líderes han mostrado que la teoría política es flexible, adaptable a las circunstancias y al carácter de quien la ejerce. Maquiavelo enseñó que el fin justifica los medios, y estos presidentes han demostrado que no hay una única manera de alcanzar ese fin. El contraste entre ellos es un reflejo de la diversidad de enfoques y estilos que pueden surgir de un mismo conjunto de principios maquiavélicos.

En definitiva, la política es el arte de lo posible, y estos cinco príncipes modernos han dibujado sus reinos con pinceladas que, aunque distintas, comparten la tinta indeleble del poder y la influencia. La teoría se viste de gala para la foto oficial, pero en la práctica, suele vestirse de camuflaje para la batalla diaria en los oscuros pasillos del Capitolio. Y así, entre contrastes y comparaciones, la danza continúa, al son de una música que solo los verdaderamente astutos pueden escuchar.

Capítulo 4.1. Análisis Comparativo: Teorías Políticas Clásicas y Modernas

En la vorágine de la política contemporánea, uno podría pensar que los antiguos tratados sobre el poder y la gobernanza han quedado relegados a los polvorientos anaqueles de la historia. Sin embargo, las sombras de Maquiavelo se proyectan largas y tenaces, extendiéndose hasta los más recónditos rincones del Capitolio, donde los titanes de la política estadounidense —Trump, Biden, Obama, Bush y Clinton— han danzado al son de una música que, aunque moderna, resuena con acordes renacentistas.

Se podría argüir que la obra "El Príncipe" no es más que un manual para la tiranía, un artefacto de un tiempo en el cual el poder se medía por la cantidad de veneno en la copa de un enemigo. Pero, ¿acaso los principios y fundamentos de la política han cambiado tanto como para hacer de Maquiavelo un mero recuerdo? Veamos.

El realismo político de Maquiavelo, esa cruda aceptación de la naturaleza humana y la centralidad del poder, resuena en la política actual con una claridad desconcertante. La máxima de que el fin justifica los medios se ha convertido en un eco constante en las campañas electorales y maniobras estratégicas de nuestros días. La lealtad es tan efímera como lo era en la Florencia de los Medici, y la promesa de un cargo o el temor a un tweet pueden hacer tambalear las convicciones más firmes de un senador.

Donald Trump, con su estilo bravucón y su habilidad para manipular la narrativa mediática, podría ser visto como un príncipe maquiavélico en su esencia más pura. Ha sabido mantener a sus adversarios en un estado de perpetua reacción, y ha cultivado la imagen del líder fuerte que Maquiavelo aconsejaba. Su reinado, aunque breve, mostró que incluso en la era de la información, el poder se consolida a menudo en la sombra de la fuerza y el miedo.

Por otro lado, Biden, con su llamado a la unidad y su apariencia de abuelo benevolente, encarna un tipo de príncipe más sutil, aquel que Maquiavelo describiría como astuto como un zorro. Ha sabido navegar en las turbulentas aguas dejadas por su predecesor, utilizando la empatía como herramienta política y ofreciendo un contraste de estabilidad y decoro.

Obama, con su carisma y habilidad oratoria, podría ser considerado un príncipe que ha sabido utilizar el favor del pueblo para consolidar su poder. Su presidencia fue un ejercicio en el arte de equilibrar idealismo y pragmatismo, una habilidad que Maquiavelo no dudaría en aplaudir.

Bush y Clinton, cada uno a su manera, también han jugado el juego del poder con una carta sacada del mazo de Maquiavelo. Bush, con la guerra y la seguridad nacional como estandartes, y Clinton, con su habilidad para eludir escándalos y mantenerse políticamente relevante, han demostrado que las lecciones del florentino son aplicables a través de las eras.

En la comparativa, nos encontramos con que la política clásica y la moderna no son tan dispares. Los líderes de hoy, al igual que los príncipes de antaño, deben navegar un océano plagado de traiciones, alianzas, y el incesante oleaje de la opinión pública. Maquiavelo sabía, y sus palabras resonarían hoy con igual tenacidad, que el poder es un fin en sí mismo, y que aquellos que lo buscan deben estar dispuestos a vestirse de león y zorro a la vez.

Así pues, los principios maquiavélicos no son reliquias, sino herramientas vigentes en la caja de los políticos modernos. Y mientras los líderes sigan empleándolos con la destreza de un orfebre renacentista, las intrigas en el Capitolio seguirán escribiendo capítulos que, aunque nuevos, parecen sacados de las mismas páginas que Maquiavelo una vez plasmó con su pluma inmortal.

Capítulo 4.2. Macchiavello Frente a Otros Teóricos Políticos

En el tablero de ajedrez de la política contemporánea, las piezas se mueven con una astucia que bien podría haber sido inspirada por la pluma de Nicolás Maquiavelo. Pero, ¿qué sucedería si enfrentásemos al florentino con otros grandes estrategas del pensamiento político? Atravesemos el laberinto de intrigas capitolinas para descubrir cómo se mediría Maquiavelo contra sus colegas teóricos en la arena de la política estadounidense actual.

Tomemos, por ejemplo, a John Locke. El padre del liberalismo podría haberse revuelto en su tumba si hubiera presenciado la elección del 2016, donde los ideales de vida, libertad y propiedad parecían juguetes rotos en manos de niños caprichosos. Mientras Locke abogaba por un gobierno que respondiera ante el pueblo, Maquiavelo habría asentido con una sonrisa al ver a Trump maniobrar las percepciones públicas con la destreza de un titiritero. ¿Acaso Trump no había comprendido mejor que sus competidores que, en política, es tan importante parecer virtuoso como serlo? Locke habría argumentado por la razón y el contrato social, pero en el ring de la realidad, el pragmatismo maquiavélico tuvo el golpe ganador.

Avancemos en el tiempo y en el espectro ideológico para chocar con Karl Marx. El barbudo profeta de la lucha de clases se habría atragantado con su cerveza al ver a Bernie Sanders, el socialista democrático, ser aplastado bajo el peso de la maquinaria del Partido Demócrata. Maquiavelo, por otro lado, habría asentido con reconocimiento ante la forma en que los Clinton y sus aliados manejaron las cuerdas del poder para mantener el statu quo. En el mundo de Maquiavelo, no hay lugar para utopías; solo la cruda realidad de la conquista y conservación del poder.

Ahora, si enfrentamos a Maquiavelo con un realista como Thomas Hobbes, las cosas se ponen más interesantes. Hobbes, con su visión sombría de la naturaleza humana, habría visto en la presidencia de Trump la encarnación de su Leviatán, un poder soberano absoluto para evitar que nos desgarráramos en un estado de naturaleza. Pero incluso Hobbes habría fruncido el ceño ante la insurrección del 6 de enero. ¿No era esa la anarquía que su Leviatán debía prevenir? Maquiavelo, sin embargo, habría murmurado que el poder no solo debe ser absoluto, sino también astuto, adaptable y siempre vestido con la máscara de la necesidad pública.

Incluso si comparamos a Maquiavelo con Rousseau, encontramos que el romanticismo del francés se desvanece ante el realismo italiano. Rousseau soñaba con una república guiada por la voluntad general, un gobierno en el que el bien público eclipsara los intereses individuales. Obama, con su retórica de esperanza y cambio, parecía un discípulo de Rousseau, pero Maquiavelo habría susurrado que detrás de cada llamado a la unidad se esconde una lucha feroz por el poder. Biden, con su imagen de abuelo amable, podría parecer un retorno a la política civilizada, pero no olvidemos que incluso los lobos se visten de ovejas cuando la situación lo requiere.

Así, cada teórico político ofrece una lente a través de la cual observar el gran teatro de la política estadounidense. Pero en este escenario donde la moral a menudo se convierte en un disfraz para el pragmatismo, la figura de Maquiavelo se yergue como un director de escena que conoce todos los trucos. Los principios pueden ser nobles, las visiones del mundo pueden ser inspiradoras, pero al final del día, en el Capitolio, como en 'El Príncipe', lo que cuenta es la habilidad para mantenerse en el poder, cueste lo que cueste.

Y así, querido lector, mientras cerramos este capítulo, recordemos que aunque los nombres y las caras cambian con el paso de los años, el juego del poder sigue siendo tan maquiavélico como siempre. Con una sonrisa cínica, nos despedimos de los teóricos políticos y sus ideales, sabiendo que en el ajedrez de la política moderna, el rey se defiende mejor con astucia que con castillos en el aire.

Capítulo 4.3 Impacto de Maquiavelo en las Teorías Políticas Contemporáneas

En el ajedrez político moderno, la sombra de Maquiavelo se alarga como una tarde melancólica de invierno. Sus enseñanzas, que en el pasado susurraban a los oídos de príncipes y reyes, ahora retumban en las cámaras del Capitolio, resonando en las estrategias y maniobras de aquellos que buscan el poder bajo las estrellas y las barras de la bandera estadounidense.

La figura de Nicolás Maquiavelo, con su obra 'El Príncipe', se ha convertido en un manual no oficial para el político contemporáneo. Este florentino perspicaz, quizás sin pretenderlo, delineó el modus operandi de los líderes actuales, quienes, con una sonrisa en el rostro y la mano sobre el corazón, aplican los consejos del siglo XVI a la letra.

Observemos, si no, la astucia maquiavélica desplegada en las elecciones, donde el fin justifica los medios, y la verdad se convierte en una dama flexible, dispuesta a contorsionarse según la melodía de la conveniencia. Trump, con su habilidad para manipular la percepción pública y su desdén hacia la ortodoxia política, podría haber sido un discípulo aventajado de Maquiavelo. Al fin y al cabo, creó un reino de lealtades no a la nación, sino a su figura, y cuando la fortuna le dio la espalda, intentó, aunque sin éxito, aferrarse al poder con uñas y dientes.

Por otro lado, Biden, que cabalga sobre el filo de la navaja entre la tradición y la innovación, también ha sabido cuando mostrarse como el león y cuándo como la zorra, aunque su rugido sea más suave y su astucia menos evidente. Aprendió que la virtud en política es a menudo un espectáculo necesario y que la paciencia, esa gran aliada de los prudentes, a veces rinde sus frutos en los jardines del poder.

Obama, con su carisma y su capacidad para inspirar, entendió que un príncipe moderno debe ser amado y temido, pero, sobre todo, respetado. Su gobierno fue un ejercicio en equilibrio, una danza entre la necesidad de mostrar fuerza y la virtud de la empatía, en la que cada paso debía medirse con la precisión de un relojero.

Bush y Clinton, cada uno a su manera, también bebieron de la copa del maestro italiano. El primero, con su 'Eje del Mal', y el segundo, con su habilidad para esquivar escándalos, demostraron que la percepción es la realidad en el teatro político y que la moralidad es una moneda de cambio en la bolsa de valores del poder.

En la política actual, la sombra de Maquiavelo es alargada y omnipresente, como un fantasma que se niega a abandonar el escenario. Sus consejos se han transformado en estrategias, y su figura, en un ícono de la astucia y la supervivencia. Mientras los principios de 'El Príncipe' sigan vigentes, seguirá habiendo un espacio para la maquiavelización de la política, donde los actores cambian, pero el guion permanece sospechosamente familiar.

En este juego, los líderes se convierten en actores de su propia obra, y los ciudadanos, en espectadores a menudo desencantados. La política, en su forma más maquiavélica, no es más que un espejismo en el desierto de la realidad, donde lo que se ve no siempre es lo que es, y lo que es no siempre se quiere ver. Y así, bajo la influencia del florentino, la política contemporánea se despliega en un tablero donde cada movimiento es un estudio en cálculo, cada alianza, una apuesta, y cada promesa, un lance del destino.

Maquiavelo, desde su atalaya en la historia, contempla este escenario con una sonrisa sutil, sabiendo que su legado perdura, moldeando las teorías políticas contemporáneas con la destreza de un artesano que, sin quererlo, se convirtió en el arquitecto de una eterna danza de poder.

Capítulo 5: Estrategias Maquiavélicas en el Siglo XXI

En la encrucijada de los tiempos, donde la política se entrelaza con el espectáculo y la verdad es tan elusiva como el voto del ciudadano indeciso, las estrategias maquiavélicas se adaptan, evolucionan y se disfrazan con la piel de la modernidad. ¿Acaso Nicolás Maquiavelo habría imaginado que su "El Príncipe" serviría de manual a los titiriteros del Capitolio en el siglo XXI? Permitidme dudarlo, pero el genio florentino habría sonreído, sin lugar a dudas, ante la astucia de sus pupilos transatlánticos.

En la era de Trump, el teatro político se convirtió en un reality show sin guion, donde la sorpresa y el escándalo eran pan de cada día. El magnate neoyorquino, con su verborrea incendiaria y su Twitter como espada, aplicó a la perfección el consejo maquiavélico de ser temido sobre ser amado, si no se puede ambas cosas. Lanzó verdades como dardos y mentiras como redes, capturando la atención de amigos y enemigos por igual. Trump, quizá sin leer jamás a Maquiavelo, encarnó su máxima de que para mantener el poder, el fin justifica los medios.

Pero la rueda gira y el poder cambia de manos. Biden, con su semblante de abuelo bonachón, ha tejido su propio tapiz maquiavélico con hilos más sutiles. En los pasillos del poder, la sonrisa es una máscara y la paciencia una espada. Biden, en su aparente letargo, ha sabido esperar su momento, demostrando que en política, como en la guerra, el silencio es un arte y la quietud, una estrategia.

Barack Obama, por su parte, fue el maestro del carisma, aquel que supo que el poder y la influencia pueden emanar de la esperanza tanto como del miedo. Con su "Yes, we can", Obama encarnó la adaptación moderna de otra lección maquiavélica: es preferible ser amado que temido, si se puede ser ambas cosas. Su sonrisa era su escudo y su elocuencia, su lanza. Aunque no exento de maniobras en las sombras, Obama mostró que el príncipe del siglo XXI puede aún inspirar y no solo conspirar.

No olvidemos a George W. Bush, cuya presidencia evoca la imagen de un príncipe llevado a lidiar con la fortuna adversa tras los ataques del 11 de septiembre. Bush, en su cruzada contra el terror, invocó la virtud maquiavélica de la audacia, aunque su legado quedó manchado por las arenas de Irak y las aguas turbulentas de Katrina. ¿Era acaso un príncipe preparado o un peón de su propio ajedrez?

Y en la antesala, está Bill Clinton, cuyo encanto sureño y astucia política le permitieron bailar al borde del precipicio del escándalo y salir, si no indemne, al menos de pie. Clinton supo que en el juego del poder, los errores se pagan, pero también se pueden negociar. Su presidencia es testimonio del consejo maquiavélico de que a veces, para mantener el poder, hay que saber fingir y disimular.

En la vorágine de la política estadounidense del siglo XXI, los presidentes han sido jugadores en un tablero donde las reglas las dicta Maquiavelo, pero el juego lo decide la fortuna. Cada uno, a su manera, ha aplicado las lecciones del florentino, demostrando que la política es un arte que se pinta con pinceladas de poder y se enmarca en la ambición.

La maquiavelidad se viste de traje y corbata, de sonrisas y promesas, pero bajo la fina capa de la civilidad, el instinto de poder ruge con la misma intensidad que en los sombríos pasillos de Florencia. En sus manos, el manual de Maquiavelo no es un libro viejo y polvoriento, sino una hoja de ruta hacia el poder, un poder que, como siempre, es tan escurridizo como la sombra de un sueño americano que todos persiguen y pocos alcanzan.

5.1 El Arte de Gobernar en la Era Digital

En la era digital, el gobernante que no sepa manejar el ciberespacio es como un alquimista que ignora la tabla periódica. El arte de gobernar ha evolucionado; ya no basta con la diplomacia de la espada y la pluma, ahora se necesita la sutileza del teclado y la astucia de las redes sociales. El Príncipe del siglo XXI debe ser un virtuoso en el arte de la cibernética tanto como en las viejas artes de la política.

En este nuevo capítulo de la intriga, observamos cómo los últimos jugadores en el tablero político estadounidense han tratado de domar el fiero corcel de la era digital. Trump, con su inconfundible bravuconería, utilizó Twitter como un látigo para dirigir y someter a sus adversarios, mientras que Biden, con un estilo más pausado, ha intentado reconstruir el establo con promesas de unidad y mensajes cuidadosamente curados.

No olvidemos cómo Obama, el orfebre de la oratoria moderna, supo abrazar las redes sociales para desplegar su mensaje de esperanza y cambio con la gracia de un bailarín en el escenario global. Bush, aunque menos diestro en lo digital, intuyó la importancia de la narrativa en los medios emergentes, y Clinton, aunque de una era donde el internet estaba en pañales, entendió el valor de la imagen y el simbolismo en la política, algo que la era digital ha potenciado hasta el infinito.

La política en la era digital exige ser un maestro en el arte de la percepción. La imagen que se proyecta en pantallas puede ser más influyente que mil discursos en el púlpito. Un tweet puede encender la mecha de una revolución, y un meme tiene el poder de desacreditar una carrera política. Los líderes deben ser tanto estrategas como community managers, filósofos del poder y también influencers.

El Príncipe digital debe comprender que, en este juego, la privacidad es una moneda de cambio y la información es un arma. Debe saber cuándo exponerse y cuándo replegarse en las sombras del ciberespacio. Debe ser capaz de navegar en el mar de datos con la destreza de un pirata y la discreción de un submarino. Cada clic, cada post, cada tweet debe ser un paso calculado en la danza del poder.

La polarización se alimenta de los algoritmos y el gobernante debe saber cómo utilizarlos a su favor sin caer en las trampas de la cámara de eco. Debe ser un alquimista digital que convierte la base de los datos en el oro de la opinión pública.

Pero cuidado, el Príncipe que se sumerge en este mundo debe tener presente que el poder digital es efímero. La misma red que lo eleva puede convertirse en su verdugo. La opinión pública es volátil en el ciberespacio, donde hoy eres héroe y mañana puedes ser un meme olvidado.

En conclusión, el arte de gobernar en la era digital es un equilibrio delicado entre la omnipresencia y la invisibilidad, entre el control y la libertad. Los gobernantes deben ser hábiles navegantes de esta nueva realidad, capaces de emplear la tecnología para sus fines sin ser devorados por la bestia de la inmediatez y la desinformación. Aquellos que dominen este arte serán los verdaderos príncipes de la era moderna, y aquellos que fallen serán relegados a las sombras de la historia, meras notas al pie en la gran narrativa digital

Capítulo 5.2: Manipulación Mediática y Propaganda

En el gran teatro de la política contemporánea, donde la realidad a menudo se retuerce y subordina a las percepciones, la manipulación mediática y la propaganda se han convertido en el pan de cada día, en la espada y el escudo de los modernos príncipes que gobiernan nuestras democracias. Nicolás Maquiavelo, allí donde esté, sin duda observa con una sonrisa perversa cómo sus pupilos han llevado sus enseñanzas a un nivel que ni él mismo pudo haber imaginado.

La prensa, ese cuarto poder que alguna vez se enorgulleció de ser el bastión de la verdad y la objetividad, ha sucumbido a la tentación de convertirse en un jugador más en el ajedrez del poder. Los últimos cinco presidentes de Estados Unidos han sido tanto víctimas como maestros de este juego, cada uno con su estilo, cada uno con su audacia, cada uno con su descaro.

Bush, con la sobriedad de un hombre que sabe llevar el peso de un legado familiar, logró que la maquinaria de la información justificara guerras y legitimara invasiones. El arte de la insinuación y la sugerencia se refinó bajo su mandato, y las masas, como si fuesen un coro griego, repetían las palabras clave: "armas de destrucción masiva", "eje del mal", "democracia". La verdad, esa dama esquiva, fue relegada al sótano de las prioridades nacionales.

Clinton, con la astucia de un zorro y la sonrisa de un vendedor de sueños, manipuló el discurso como quien toca una sinfonía. El escándalo y el entretenimiento se mezclaron en una danza macabra que distrajo a los ciudadanos, mientras las políticas de libre mercado se implementaban con la delicadeza de quien roba un beso. La seducción de los medios fue tal, que los escarceos en la Oficina Oval se volvieron apenas una nota al pie en la historia de su presidencia.

Obama, el príncipe carismático con el don de la palabra y la esperanza como bandera, entendió el poder de las redes sociales y se convirtió en el primer presidente 2.0. Su estrategia de comunicación fue pulcra y efectiva, una verdadera obra de arte en el mundo de la propaganda moderna. Bajo el lema "Yes, we can", la nación se sumergió en un ensueño de unidad y progreso, mientras las drones sobrevolaban cielos lejanos y la vigilancia masiva se convertía en el Gran Hermano que Orwell presagió.

Trump, el magnate sin filtro, llevó el concepto de "fake news" a un nuevo nivel. La realidad se convirtió en algo maleable, en una masa que podía ser moldeada a su antojo. Con cada tuit, con cada desafío al establishment, Trump no solo manipulaba la narrativa mediática sino que la creaba, la destruía y la volvía a construir como si jugara con bloques Lego. El caos era su aliado, la división su estrategia, y los medios, en su confusión, lo seguían como moscas a la miel.

Y llegamos a Biden, el veterano de mil batallas, que ha visto cómo el juego ha cambiado y cómo debe adaptarse o perecer. Con la seriedad de quien ha vivido para ver las consecuencias de la manipulación mediática, Biden intenta restaurar cierto orden, aunque no puede escapar a las garras de la propaganda. La agenda se envuelve en el noble papel celofán de la corrección política y la unidad, pero el espectro de la desinformación sigue acechando cada decisión, cada política, cada palabra.

En este capítulo de la política estadounidense, la manipulación mediática y la propaganda son las armas predilectas de la clase dirigente. Los líderes se han convertido en maestros del engaño, artistas de la ilusión, y los medios en cómplices voluntarios o involuntarios de este baile macabro. La verdad, como siempre, queda sepultada bajo capas de retórica, esperando ser rescatada por aquellos dispuestos a cuestionar, a desafiar, a pensar.

Maquiavelo nos advirtió del uso de la astucia y el engaño en el ejercicio del poder. Lo que no anticipó fue el escenario actual, donde la información es tan abundante como falaz, y donde el príncipe ya no necesita ocultar sus intenciones, sino simplemente convencer al pueblo de que la mentira es una verdad alternativa. En este juego de espejos y sombras, el ciudadano común debe afinar la vista y el juicio, para no ser solo un peón más en la gran partida de ajedrez que es la política contemporánea.

Capítulo 5.3: Realpolitik y Maquiavelismo en la Arena Internacional

En la danza macabra de la política internacional, donde los líderes se mueven entre las sombras de la diplomacia y los reflectores de la opinión pública, la Realpolitik y el Maquiavelismo se entrelazan en un tango interminable. La música la ponen los intereses nacionales, y los bailarines son los presidentes y jefes de estado, que con una mano ofrecen la rosa de la paz y con la otra esconden la daga del poder.

No es ningún secreto que el tablero mundial es un juego de ajedrez en tres dimensiones, donde cada movimiento es calculado con precisión milimétrica. Los últimos cinco presidentes de los Estados Unidos han jugado sus partidas con estilos diferentes, pero todos han compartido un mismo objetivo: mantener la hegemonía de la nación en el concierto de las potencias.

Clinton, con su sonrisa de chico bueno y su saxofón, no dudó en usar la fuerza en los Balcanes o en lanzar misiles crucero a campamentos en Sudán y Afganistán. Bush hijo, con su rostro de vaquero y su retórica del eje del mal, invadió dos países en respuesta al terrorismo, jugando a ser el sheriff del mundo sin pedir permiso a la ONU. Obama, el profesor con aires de filósofo-rey, lideró con drones y operaciones especiales, llevando la guerra al siglo XXI con una eficiencia fría y calculadora. Trump, el magnate de reality show, usó la bravuconería y las amenazas de aranceles como armas de negociación, mientras jugaba a la silla musical con aliados y adversarios. Y ahora Biden, el veterano del Senado, busca tejer alianzas con la habilidad de un arácnido, intentando restaurar viejas amistades desgastadas por los caprichos de su predecesor.

En este escenario, la Realpolitik se manifiesta en la habilidad de mantener el equilibrio del poder sin caer en la tentación moralista de juzgar las acciones por su aparente bondad o maldad. Es el arte de navegar los mares tormentosos de la geopolítica, donde las olas de la opinión pública a veces chocan contra los arrecifes de la seguridad nacional.

Maquiavelo, ese florentino astuto, habría asentido con aprobación al ver cómo sus lecciones sobre el poder se aplican en la arena internacional. "Los fines justifican los medios", susurra su espectro en los oídos de los presidentes, mientras estos toman decisiones que afectan a millones de personas. La estabilidad regional, el acceso a recursos naturales, la contención de enemigos emergentes; todo se reduce a un juego de poder donde la moral es un lujo que no siempre se puede permitir.

La guerra comercial entre Estados Unidos y China es un claro ejemplo de esta Realpolitik moderna. Tarifas que van y vienen como golpes en un combate de boxeo, donde la economía global retiene la respiración con cada nuevo asalto. Trump lanzó el primer puñetazo, Biden ahora intenta encontrar una estrategia para continuar la pelea sin acabar noqueado por las consecuencias.

En el Medio Oriente, la política estadounidense ha seguido una línea maquiavélica de alianzas cambiantes y enemistades convenientes. La lucha contra el terrorismo y la influencia de Irán son excusas perfectas para mover fichas en un tablero donde Arabia Saudita es a la vez un aliado incómodo y un socio necesario.

Y así, entre la Realpolitik y el Maquiavelismo, los líderes mundiales continúan su eterna partida de ajedrez. A veces ganan, a veces pierden, pero siempre están dispuestos a sacrificar peones en el altar de la estrategia política. Los ciudadanos, espectadores de este juego, rara vez comprenden las reglas, pero son ellos quienes sufren las consecuencias de cada jugada maestra o error fatal.

En este capítulo de intrigas y poder, la historia se escribe con la tinta invisible de la diplomacia secreta y las decisiones tomadas en salas de crisis iluminadas por la luz tenue de la luna de la Realpolitik. Los presidentes van y vienen, pero el juego sigue, y Maquiavelo, desde las sombras, no puede evitar esbozar una sonrisa.

Capítulo 6: Críticas y Defensas del Maquiavelismo

En el tablero de ajedrez de la política estadounidense, donde reyes y reinas se enfrentan en una danza sin fin por el poder, la sombra de Maquiavelo planea con la sutileza de un halcón en cacería. Sus enseñanzas, plasmadas en el inmortal "El Príncipe", se han convertido en el manual no escrito de muchos líderes que han pasado por el Salón Oval. Sin embargo, la aceptación de estas estrategias ha estado lejos de ser unánime; el maquiavelismo es como un espejo de dos caras que refleja tanto la genialidad como la vileza.

Desde el astuto Bush hasta el controvertido Trump, pasando por el carismático Obama, el resiliente Clinton y el actual, Biden, todos han sido acusados y alabados por sus movimientos maquiavélicos. ¿Pero qué hay detrás de la máscara del poder? ¿Son estas estrategias una necesidad en el juego del gobierno o simplemente una excusa para justificar los actos más despiadados?

Las críticas no se han hecho esperar. Se acusa a los líderes maquiavélicos de ser fríos, calculadores, de poner el fin por encima de los medios, de sacrificar la moral en el altar de la eficacia. Se les señala con dedos temblorosos, como si la sola mención de su nombre pudiera corromper el aire. Se dice que han despojado a la política de su nobleza, que han convertido el arte de gobernar en un juego de tronos real, donde solo el más astuto sobrevive.

Pero también hay quienes defienden este arte oscuro, argumentando que en un mundo donde los lobos acechan en cada esquina, un cordero no sobrevive. Aducen que la historia está escrita por aquellos que han sabido manejar con destreza las riendas del poder. Que ser maquiavélico no es ser malvado, sino realista; es comprender la naturaleza humana y navegar sus turbulentas aguas con la brújula de la prudencia y la astucia.

Bush, con su 'eje del mal', manejó la retórica como una espada para dividir y conquistar la opinión pública. Clinton, con su saxofón y su sonrisa, supo encantar incluso mientras se deslizaba por los resbaladizos pasillos del escándalo. Obama, con su promesa de esperanza y cambio, jugó al ajedrez en tres dimensiones, moviendo las piezas en el escenario global. Trump, con sus tuits como lanzas, rompió las reglas del juego y reinventó la controversia como estrategia. Y Biden, con su aire de abuelo sabio, busca tejer alianzas mientras deshace los nudos de su predecesor.

¿Pero es esto lo que necesitamos? ¿Es esta la política que deseamos? Los críticos dirán que hemos perdido el rumbo, que la política debería ser una vocación de servicio y no una lucha por el poder. Los defensores, sin embargo, argumentarán que en las arenas movedizas de la política internacional, solo aquellos con la suficiente astucia para seguir los pasos de Maquiavelo pueden mantenerse en pie.

Así, el debate sobre el maquiavelismo en la política es tan antiguo como la propia política. ¿Es un mal necesario o un veneno lento que corroe los cimientos de la democracia? Cada presidente, con sus acciones y decisiones, ha aportado su capítulo a este debate incesante.

El maquiavelismo no es blanco o negro, es una paleta de grises en manos de artistas que pintan el lienzo de la historia. Y mientras algunos ven en esos trazos la obra maestra de la estrategia, otros solo pueden ver el oscuro presagio de tiempos turbulentos.

6.1 Perspectivas Éticas sobre el Maquiavelismo

En el ajedrez que es la política de Capitol Hill, cada movimiento es un delicado baile entre el bien común y la ambición personal, donde el maquiavelismo se erige como el instructor de baile más austero y calculador. Maquiavelo enseñó que el fin justifica los medios, pero, ¿y si estos medios son la trituradora de la ética y la moral?

La sombra de Maquiavelo se extiende larga y oscura sobre las figuras de Trump, Biden, Obama, Bush y Clinton. Cada uno de ellos, en su momento, ha sido acusado de emplear tácticas maquiavélicas para mantener o expandir su poder. Pero, ¿es el maquiavelismo inherente a la política, un mal necesario en el juego del poder?

Para algunos, el maquiavelismo es sinónimo de realpolitik, la política basada en necesidades prácticas y en la realidad, más que en ideales o principios morales. Es el pragmatismo llevado a su máxima expresión. Por ejemplo, la habilidad de Trump para manipular la narrativa mediática, o el uso por parte de Obama de su carisma para promulgar políticas controvertidas, podrían ser vistos como ejemplos de una astucia maquiavélica orientada a objetivos específicos.

Sin embargo, el maquiavelismo no es una moneda de una sola cara. La ética entra en juego cuando se considera el impacto de tales acciones en la confianza pública y la integridad del proceso democrático. ¿Se puede confiar en líderes que parecen seguir la doctrina de que es mejor ser temido que amado, si uno no puede ser ambos? La despiadada eficiencia con la que Bush lanzó la guerra en Irak o Clinton reformó el sistema de bienestar, por ejemplo, plantea preguntas sobre la ética de sacrificar la verdad o el bienestar de algunos por lo que se percibe como el bien mayor.

La política estadounidense ha sido testigo de cómo el maquiavelismo se ha camuflado con trajes de "interés nacional" y "seguridad pública", términos que a menudo encubren intereses más oscuros o agendas ulteriores. Biden, con su aire de abuelo amable, no está exento de esta danza maquiavélica. Las decisiones sobre inmigración y política exterior a menudo se toman en un tablero donde las piezas de la ética son sacrificadas en favor de la estrategia.

El maquiavelismo, entonces, presenta un dilema ético. Por un lado, el líder efectivo debe ser capaz de tomar decisiones difíciles y, a veces, impopulares. Por otro lado, el abandono de la ética en nombre de la eficiencia política corre el riesgo de corroer los cimientos mismos de la democracia y la confianza del electorado.

¿Es posible un equilibrio? ¿Puede un líder ser maquiavélico en táctica pero no en principio? La historia de estos cinco presidentes sugiere que el equilibrio es tan elusivo como la línea entre la astucia y la corrupción. La búsqueda de poder puede justificar medios extraordinarios, pero la historia y el electorado a menudo juzgan con dureza aquellos que pierden de vista la ética.

En el baile del poder, el maquiavelismo es un paso que todos parecen conocer, pero pocos admiten bailar. Y mientras la música sigue sonando en el Capitolio, los ciudadanos observan atentos, preguntándose si sus líderes están realmente bailando para ellos, o simplemente moviéndose al ritmo de su propia ambición, con Maquiavelo susurrando los pasos al oído.

Capítulo 6.2. Defensores del Maquiavelismo en la Era Moderna

En el tablero de ajedrez que es la política moderna, cada movimiento es una danza macabra de poder y astucia propia de un maestro renacentista. La sombra de Maquiavelo es alargada y susurra aún en los oídos de quienes dirigen los destinos de la nación más poderosa del mundo. Es en este escenario donde emergen los defensores del maquiavelismo en la era moderna, aquellos que abrazan la pragmática visión de la política como un arte sin ataduras morales que impidan alcanzar el poder y conservarlo.

En el siglo XXI, los ecos de 'El Príncipe' resuenan con una particular intensidad en las figuras de Trump, Biden, Obama, Bush y Clinton. Cada uno, a su manera, ha encarnado aspectos del ideal maquiavélico, ya sea en el arte de la guerra política, en el mantenimiento del poder o en la manipulación de la percepción pública.

Donald Trump irrumpió en la escena política como un elefante en una cacharrería, rompiendo convenciones y desafiando el statu quo. Su estrategia, digna de un capítulo olvidado de Maquiavelo, se basó en una retórica incendiaria y en la creación de un enemigo común que uniera a sus seguidores. No buscaba agradar a todos, sino afianzar a los suyos, siguiendo el precepto maquiavélico de que es mejor ser temido que amado, si no se puede ser ambas cosas.

Joe Biden, con su aire de abuelo bonachón, ha sabido también jugar sus cartas en un tablero donde las piezas se mueven con sigilo. Su maquiavelismo se manifiesta en la paciencia y en la construcción de alianzas, recordándonos que el poder a menudo se ejerce más eficazmente desde el consenso que desde la confrontación abierta.

Barack Obama, el príncipe de la esperanza y el cambio, utilizó su carisma y elocuencia para cautivar a las masas, una estrategia maquiavélica que le permitió impulsar su agenda mientras mantenía una apariencia de integridad moral. Aun así, no dudó en utilizar la fuerza de la pluma y el teléfono cuando el Congreso no le era favorable, demostrando que el fin justifica los medios.

George W. Bush, el comandante en jefe en tiempos de crisis, supo invocar el temor y la urgencia nacional para consolidar su poder y llevar a cabo acciones que, bajo otras circunstancias, habrían sido impensables. En su maquiavelismo, entendió que los momentos de miedo son también los de mayor autoridad para el soberano.

Y no podemos olvidar a Bill Clinton, el seductor político que, a pesar de los escándalos y las adversidades, logró salir indemne y mantener su popularidad. Su habilidad para conectar con el pueblo y su astucia para navegar las turbulentas aguas de la política son testamento de un maquiavelismo adaptado a los tiempos modernos.

En la defensa del maquiavelismo contemporáneo, estos líderes han demostrado que los consejos del florentino son tan relevantes hoy como lo fueron en su tiempo. Si bien se enfrentan a un escrutinio público y a una transparencia sin precedentes, han sabido adaptar las enseñanzas del maestro a la era del internet y las redes sociales.

Los defensores de esta filosofía entienden que la política es un juego de poder y percepción, donde las apariencias pueden ser tan importantes como la realidad. No obstante, el maquiavelismo no es un cheque en blanco para la tiranía, sino un recordatorio de que, en la búsqueda del bien común, a veces es necesario tomar decisiones difíciles y navegar por las aguas turbias de la moralidad ambigua.

En este juego de tronos moderno, los actores cambian, pero las reglas siguen siendo las mismas. La cuestión es si, en su defensa del maquiavelismo, nuestros líderes recordarán que, aunque la historia a veces absuelve a los príncipes, también tiene una larga memoria para aquellos que caen en la soberbia y el despotismo.

Capítulo 6.3: El Legado de Maquiavelo en el Pensamiento Crítico

En la vorágine de la política contemporánea, donde los ideales suelen ser más volátiles que la lealtad de un político en época de elecciones, emerge la figura de Maquiavelo como un faro de pragmatismo en medio de la tempestad. No se engañen, señores y señoras, el legado del florentino no se limita a sus consejos para los príncipes de antaño, sino que permea, con su sutil veneno, en las arterias del pensamiento crítico moderno.

Al observar a los titanes políticos de las últimas décadas en Estados Unidos, uno no puede evitar percibir los ecos de "El Príncipe" resonando en cada maniobra, en cada discurso y, cómo no, en cada tweet. Desde la astucia de Clinton hasta la bravuconería de Trump, pasando por la serenidad de Obama, la resolución de Bush y la ponderación de Biden, todos, queriendo o no, han bailado al son que Maquiavelo compuso hace siglos.

El pensamiento crítico, esa joya de la corona de la razón humana, se ve influenciado por maquiavelismos cuando en el análisis de la política se prefiere la eficacia sobre la moralidad. ¿Qué es más loable, preguntaría Maquiavelo con una sonrisa socarrona, una decisión impopular que salva una economía o un acto de pura bondad que conduce a la ruina? Los líderes han respondido a su manera, y el pueblo, juez supremo y víctima eterna, se ha encargado de anotar sus veredictos en las páginas de la historia.

Tomemos, por ejemplo, el ajedrez geopolítico que se juega desde la Oficina Oval. La sombra de Maquiavelo se extiende como un ala protectora sobre el tablero, susurrando en el oído del jugador que, a veces, el peón sacrificado a tiempo puede significar la coronación de la torre. Obama, con su carisma y diplomacia, movió piezas con la sutileza de quien comprende que la fuerza no siempre reside en el músculo, sino en la mente. Trump, por su parte, prefirió el ímpetu de la carga de caballería, confiando en que la sorpresa y el impacto compensarían la falta de sutileza. Biden, el más reciente en tomar el mando, parece meditar cada movimiento con la paciencia del veterano, consciente de que, en este juego, cada acción es una semilla que puede germinar en victoria o desastre.

Pero, ¿dónde queda el pensamiento crítico en todo esto? Está en la capacidad de discernir, más allá de la cortina de humo de la retórica y la propaganda, las verdaderas intenciones y consecuencias de los actos políticos. Está en reconocer que, si bien la moral es un ideal noble, la política requiere de una visión que a menudo bordea lo que algunos llamarían cinismo. Porque en la arena política, como bien sabía Maquiavelo, no hay espacio para los ingenuos.

Y mientras el ciudadano promedio se aferra a la esperanza de que sus líderes sean paragones de virtud, la realidad se encarga de recordarle que, en las altas esferas del poder, las manos que mecen la cuna están tan manchadas como limpias son sus sonrisas. El legado de Maquiavelo en el pensamiento crítico nos enseña a leer entre líneas, a cuestionar el discurso oficial y a entender que, detrás de cada decisión, hay una estrategia que busca, ante todo, la supervivencia del poder.

Así que, mientras los presidentes vienen y van, y las ideologías se desvanecen como promesas en noche electoral, el maquiavelismo sigue ahí, inmutable, recordándonos que en el juego del poder, la única regla es que no hay reglas, excepto una: ganar. Y en ese ganar, el pensamiento crítico es tanto escudo como espada, protegiéndonos de la ingenuidad y permitiéndonos atisbar la verdad oculta tras el velo de la realidad política.

Capítulo 7: Macchiavello en la Cultura Popular y la Educación

En el vasto escenario de la cultura popular, la sombra de Niccolò Macchiavello se extiende como una fina capa de hollín sobre las llamas de un fuego que nunca se extingue. Su nombre, convertido en adjetivo, maquiavelico, es sinónimo de astucia, de manipulación, de la ambición que no escatima en medios para alcanzar un fin. Es el susurro en las sombras, el consejero cuya palabra es cuchillo y seda. Y así, en el aula y en la pantalla, la figura de Macchiavello se erige como un ícono que trasciende el paso de los siglos.

En la educación, su obra "El Príncipe" se ha vuelto un texto casi sacrosanto en las ciencias políticas, una suerte de manual para el poder que es estudiado con la reverencia de un clásico y la cautela de un tratado de venenos. Los estudiantes se afanan en descifrar sus líneas como quien descubre un mapa del tesoro, sabiendo que en ellas se halla la clave para navegar los turbulentos mares de la política contemporánea.

La figura de Macchiavello se cuela también en las aulas de historia, literatura, incluso en la psicología, pues su entendimiento del alma humana y de la estructura del poder es de una agudeza que trasciende disciplinas. El estudiante moderno, armado con el conocimiento del maestro florentino, aprende a leer entre líneas la narrativa de la política actual, viendo reflejos de "El Príncipe" en cada maniobra electoral, en cada sonrisa calculada de un presidente, en cada promesa que no busca más que seducir el voto popular.

Pero no solo en los templos del saber resuena el eco de Macchiavello. La cultura popular lo ha adoptado, lo ha convertido en personaje recurrente de series y películas, en referencia obligada cuando se retrata al político de sonrisa fácil y puñal oculto. Los guiones se nutren de sus enseñanzas, y el público, a menudo sin saberlo, recibe lecciones de maquiavelismo disfrazadas de entretenimiento.

Series como "House of Cards" destilan la esencia de "El Príncipe" en cada uno de sus episodios, mostrando a un Frank Underwood que bien podría ser el alter ego de Macchiavello en la Washington moderna. La política se convierte en un tablero de ajedrez donde cada movimiento es un paso en el baile de la ambición y la supervivencia, una coreografía que el propio Macchiavello no dudaría en aplaudir.

Los videojuegos tampoco escapan de esta influencia; títulos como "Civilization" invitan a los jugadores a tomar el manto del estratega, del líder que debe ponderar la moralidad contra la eficacia, que debe decidir si ser amado u odiado, respetado o temido. Y así, una nueva generación crece imbuida de la lógica maquiavélica, en una simbiosis de diversión y filosofía que se extiende más allá de la pantalla.

En la literatura, la figura de Macchiavello se torna musa de novelas de intriga política, de relatos que exploran los abismos del poder. Autores contemporáneos tejen historias donde sus personajes se enfrentan a dilemas que bien podrían haber sido extraídos de las páginas del renacentista, mostrando que, aunque los tiempos cambien, la naturaleza del poder y de aquellos que lo buscan permanece constante.

Así, la presencia de Macchiavello en la cultura popular y la educación se manifiesta como un recordatorio de que sus ideas siguen vigentes, un espejo que refleja las eternas tensiones entre la ética y la ambición, entre el idealismo y el realismo. Y en este reflejo, los ecos de los últimos cinco presidentes de los Estados Unidos resuenan con claridad, como una melodía que entona las notas de una partitura escrita hace siglos, pero que aún se interpreta con fervor en el escenario de la política actual.

Capítulo 7.1: Representaciones de Maquiavelo en los Medios

En la vorágine mediática donde el poder se cocina a fuego lento, la figura de Nicolás Maquiavelo asoma su nariz, tantas veces deformada por el lente de la prensa, como si fuera la esencia destilada de la astucia política. De talk show en talk show, de columna en columna, Maquiavelo es invocado como el espíritu tutelar de las estrategias más oscuras y, a menudo, se le atribuye la paternidad de jugadas políticas que harían que el propio florentino se revolviera en su tumba.

Desde la penumbra de su reputación póstuma, Maquiavelo observa cómo su nombre es bandera de batalla en la guerra de imágenes y palabras que se libra en los medios. Se le menciona cuando un líder muestra una astucia especial, cuando un acuerdo se sella con la frialdad del cálculo o cuando la supervivencia política de un presidente pende de un hilo tan delgado que sólo cortándolo se puede escapar del precipicio.

La presencia de Maquiavelo en los medios de comunicación es, sin duda, un reflejo distorsionado de su legado. Se le caricaturiza, se le simplifica, se le trata como un meme antes que como un pensador. En este proceso, se pierde la profundidad de su análisis sobre el poder y la condición humana, y se le reduce a un manual de trucos para políticos sin escrúpulos.

Sin embargo, los últimos cinco presidentes de los Estados Unidos no han escapado de las comparaciones maquiavélicas. A Trump se le ha presentado como el príncipe que no teme ser temido más que amado, si con ello asegura su dominio; a Biden, como aquel que busca la virtud en un mundo que parece haberla olvidado. Obama fue el príncipe que quiso cambiar las reglas del juego, mientras que Bush y Clinton navegaron las aguas turbulentas de la política interna e internacional con un ojo en el legado y otro en la supervivencia.

La prensa se deleita con estos paralelismos, no tanto por fidelidad histórica, sino por el morbo de asociar a los políticos con las estrategias más maquiavélicas. La realidad, por supuesto, es más compleja. Los presidentes no son caricaturas y las decisiones que toman a menudo están lejos de la lógica fría y calculadora que se les atribuye.

Pero en esta era de titulares y sound bites, la figura de Maquiavelo se torna útil. Es el avatar de una sabiduría política que se antoja ancestral y al mismo tiempo tremendamente actual. Los medios lo usan para dotar de una pátina de inteligencia y cálculo a la narrativa política, aunque ello signifique tergiversar sus enseñanzas.

En el juego de espejos que es la cobertura mediática, Maquiavelo se multiplica hasta el infinito. Cada análisis lo reinventa; cada opinión lo moldea. El florentino se convierte entonces no tanto en un hombre de carne y hueso, autor de una obra compleja, sino en un símbolo flexible, maleable, presto a vestir el disfraz que el momento exija.

Este capítulo no busca desentrañar la autenticidad de las representaciones mediáticas de Maquiavelo; es un espejismo tan inútil como perseguir la veracidad en una novela de espías. Lo que aquí se persigue es la comprensión de cómo la figura de un teórico del poder se ha convertido en un comodín retórico, en una herramienta para interpretar —y a veces para justificar— los movimientos de un tablero político que nunca deja de cambiar.

Y así, entre la realidad y la ficción, entre el análisis y la parodia, Maquiavelo sobrevive en el discurso público, tan escurridizo y omnipresente como el poder mismo que se esforzó por entender.

Capítulo 7.2: Enseñando Maquiavelismo en la Educación Moderna

En el ajedrez político actual, la educación parece una pieza más bien peón, pero ¿y si osamos convertirla en reina? Dama de poder, capaz de desplazarse con la gracia del delfín y la astucia del zorro. En las aulas modernas, Maquiavelo es a menudo mencionado con un suspiro de desdén o en el mejor de los casos, como un filósofo renacentista que se atrevió a verbalizar el pragmatismo del poder. Sin embargo, su presencia es tan sutil como necesaria en la formación de los futuros líderes, esos que mirarán de tú a tú a los Trumps, los Bidens, los Obamas, Bushes y Clintons de turno.

La enseñanza del maquiavelismo en la educación moderna es un arte que se practica en las sombras de las teorías políticas y en los entretejidos de los cursos de ética. Se murmura entre pasillos y se debate en los cafés universitarios, pero pocas veces se le da el trono que merece en las aulas. ¿Acaso no es Maquiavelo el que susurra en el oído de los asesores cuando aconsejan a sus presidentes que mantengan a sus amigos cerca, pero a sus enemigos aún más cerca? ¿No es acaso su fantasma el que ronda en las estrategias de campaña cuando se sacrifica la verdad en el altar del triunfo electoral?

Los principios maquiavélicos, aunque no se reconozcan abiertamente, se enseñan a través de estudios de caso que revelan el funcionamiento interno de las campañas políticas y el ejercicio del poder. Se analizan las maniobras de Bill Clinton para sortear el escándalo Lewinsky con la misma sutileza con que se estudia una partida de ajedrez. Se destila la esencia de la retórica de Bush post-11 de septiembre, para entender cómo el miedo puede convertirse en un aliado en la consolidación del poder. Se disecciona la habilidad de Obama para proyectar una imagen de líder conciliador mientras ejecutaba movimientos que requerían de una firmeza irrefutable y, claro está, se observa con lupa el fenómeno Trump, ese que convirtió el descaro en una estrategia política y el conflicto en un espectáculo mediático.

Pero, ¿se puede realmente enseñar a ser maquiavélico? La respuesta es tan compleja como la política misma. En las universidades, se fomenta el análisis crítico y se enseña a los estudiantes a leer entre líneas de los discursos y las políticas. Se les insta a comprender los juegos de poder y a anticipar las consecuencias de las acciones políticas, no solo en términos de bienestar común, sino en la perpetuación de su propio poder.

Los estudiantes aprenden que en política, al igual que en la vida, a veces hay que ser el león para demostrar fuerza y otras, el zorro para evitar las trampas. Se les enseña que el poder rara vez es un regalo, sino una conquista que requiere astucia, oportunidad y, no pocas veces, un estómago fuerte para digerir las decisiones más pragmáticas.

En el mundo real, fuera de las aulas, los líderes actuales aplican estas lecciones con una destreza que haría sonreír al mismísimo Nicolás Maquiavelo. Siguen su consejo de que es mejor ser temido que amado, si no se puede ser ambas cosas, y mientras tanto, la educación sigue fraguando en silencio los maquiavélicos del mañana.

En conclusión, la enseñanza del maquiavelismo en la educación moderna no es simplemente un capítulo de un libro de historia o filosofía, sino una guía implícita para navegar las turbulentas aguas de la política contemporánea. Y tal como Maquiavelo enseñó a su príncipe, nuestros educadores, en un susurro apenas audible, instruyen a los futuros príncipes en el arte de gobernar, no para un mundo ideal, sino para el escenario real, donde la moral es a menudo el precio de la corona.

Capítulo 8: Futuro de la Política y el Legado Maquiavélico

En un mundo donde la política se ha convertido en un espectáculo más digno de un programa de telerrealidad que de los salones de debate de antaño, es inevitable preguntarse: ¿qué papel juega la astucia maquiavélica en este nuevo orden mundial? La respuesta, amables lectores, es tan sencilla como perturbadora: juega, precisamente, todos los papeles.

Los presidentes van y vienen, con sus promesas de cambio y sus discursos inflamados, pero las sombras de Maquiavelo nunca abandonan la Casa Blanca. Trump, con su descarado desprecio por las normas establecidas, fue un alumno aventajado del florentino; Biden intenta navegar las turbulentas aguas de la política con un barco que parece sacado del Renacimiento; Obama supo encantar como el príncipe ideal, mientras movía los hilos con la delicadeza de un maestro titiritero; Bush y Clinton, cada uno en su tiempo, supieron que mantener el poder requería sacrificar la moral en el altar de la conveniencia.

El futuro de la política estadounidense, y por ende mundial, se vislumbra como una partida de ajedrez en la que cada pieza es capaz de traicionar a su rey por el susurro de una promesa. Los ciudadanos, reducidos a peones en un tablero que no comprenden, asisten atónitos a la danza macabra de los poderosos. El legado de Maquiavelo, ese que susurra que el fin justifica los medios, se manifiesta en cada ley aprobada en la penumbra, en cada acuerdo sellado con un apretón de manos que esconde puñales.

En este ajedrez del poder, las estrategias se tornan cada vez más complejas. Los líderes políticos deben ser leones y zorros al mismo tiempo, sabiendo cuándo rugir y cuándo escurrirse entre las sombras. La tecnología y las redes sociales han añadido un nuevo nivel al juego, donde la imagen pública es tan importante —o más— que las acciones en la trastienda del poder.

¿Y qué hay de nosotros, los espectadores de este gran teatro político? ¿Hemos aprendido algo de las intrigas maquiavélicas que presenciamos? La respuesta, aunque nos pese, es que seguimos siendo actores secundarios en una obra escrita por otros. Aplaudimos, abucheamos, pero rara vez escribimos nuestro propio guion. Y mientras tanto, los principios de Maquiavelo siguen tan vigentes como en aquellos oscuros días de la Florencia del siglo XVI.

Quizás el futuro nos depare un nuevo príncipe, uno que sepa combinar la virtud con la astucia, la honestidad con la inteligencia. Pero hasta entonces, el fantasma de Maquiavelo seguirá recorriendo los pasillos del poder, susurrando que, para mantenerse en la cima, hay que saber jugar el juego. Y este juego, queridos lectores, no es para los débiles de corazón.

Así que levantemos nuestras copas por el futuro, ese gran desconocido, y brindemos por la esperanza de que algún día la política sea algo más que un escenario para las intrigas maquiavélicas. Pero hasta que ese día llegue, mantengamos los ojos bien abiertos y la mente aún más, pues en el juego del poder, el más mínimo descuido puede ser el preludio de nuestra caída. Y en ese juego, como bien sabía nuestro viejo amigo Nicolás, no hay segundas oportunidades.

Capítulo 8.1: Tendencias Emergentes en la Política Mundial

En la arena global, los giros de la fortuna parecen más caprichosos que los humores de una diva en decadencia. Las nuevas tendencias en la política mundial, amigos míos, son como las modas en la corte de un príncipe renacentista: cambian con la rapidez de un chisme en los pasillos del Capitolio, y son igual de peligrosas si no se les presta la debida atención.

La primera de estas tendencias es la danza de los bloques de poder. Lo que en tiempos de Bush padre era un solo compás con la URSS, se ha transformado en un baile frenético donde China, con su sonrisa de dragón, avanza sus piezas en el tablero del poder económico y militar, desafiando el solo de trompeta que durante décadas tocó Estados Unidos. Y ahí está el taimado Putin, que, cual Iván el Terrible moderno, busca resucitar el esplendor del oso ruso con movimientos que sorprenden a propios y extraños, añorando los días de gloria de la madre patria.

Por otro lado, la Unión Europea, esa dama que intenta mantener su compostura mientras sus hijos —los estados miembros— tiran del mantel en direcciones opuestas, enfrenta su propio juego de tronos interno. Brexit fue un portazo en la cara, y otros miembros coquetean con la idea de seguir ese ejemplo, poniendo a prueba la paciencia de la canciller alemana, que maneja la diplomacia con la misma destreza que una maestra de jardín de infantes.

En medio de este caos, emerge una tendencia que ni Maquiavelo hubiese podido prever: la política del cambio climático. Si el florentino nos enseñó que la virtud y la fortuna son claves para mantener el poder, hoy añadiríamos una tercera musa a este peculiar panteón: la sostenibilidad. Trump, con su habitual sutileza de elefante en una cacharrería, se burló de ella, mientras que Biden, en un intento de parecer el adulto en la habitación, ha prometido encauzar a la nación hacia energías más limpias, aunque sus acciones a veces parezcan más bien movimientos en la oscuridad.

No podemos olvidar la pandemia que, como un golpe maestro de la naturaleza, puso de rodillas a la economía y la salud pública mundial. La gestión de esta crisis ha sido un espejo en el que cada líder se ha visto reflejado, revelando virtudes y miserias. Obama, con su elegancia habitual, habría hablado con la serenidad de un médico, mientras que Clinton, con su astucia de zorro viejo, habría buscado sacar provecho político de cada vacuna administrada. Bush hijo, por su parte, probablemente habría invadido un país equivocado en busca del virus.

Pero, estimados lectores, la joya de la corona de las tendencias emergentes es la tecnología y su papel en la política. Las redes sociales, esos modernos panfletos, son la plaza pública donde se gana o se pierde la opinión. Los hackeos y las noticias falsas son las nuevas catapultas y arietes que asedian las murallas de la verdad, y líderes como Trump las han manejado con la destreza de un juglar que toca la lira para su propio beneficio.

En este juego de espejos y sombras, cada movimiento es crucial, y la enseñanza de Maquiavelo sigue vigente: no basta con ser virtuoso, hay que parecerlo. Y en este teatro de la política mundial, la apariencia y la percepción son, a menudo, la diferencia entre mantenerse en el trono o ser relegado al olvido.

Así pues, la política, esa danza de máscaras y disfraces, continúa su curso, y nosotros, meros espectadores, debemos estar atentos a las señales que nos indican hacia dónde sopla el viento del poder. Porque, al final del día, y como bien nos recordaría nuestro querido Maquiavelo, es mejor ser temido que amado, si no puedes ser ambas cosas.

8.2. Machiavelismo en el Siglo XXI y Más Allá

En la tumultuosa arena del siglo XXI, la sombra de Maquiavelo se extiende como una enredadera por los muros del Capitolio, susurrando a los oídos de quienes, con traje y corbata o con vestidos y tacones, danzan al compás de la política contemporánea. El arte de la astucia y el realismo político no ha perdido vigencia; al contrario, se ha refinado con la tecnología y la globalización, entrelazándose con las fibras más íntimas del poder.

Si Maquiavelo levantara la cabeza y observara el panorama actual, esbozaría una sonrisa pícara, digna de quien ve su legado más vivo que nunca. ¿Acaso no son los líderes de hoy —con sus tweets afilados como estiletes y sus discursos que destilan el dulce veneno de la retórica— fieles discípulos del florentino?

Trump, con su bravuconería y su habilidad para el espectáculo mediático, podría haber sido un personaje sacado de las páginas de 'El Príncipe'. Sus tácticas, que oscilan entre la intimidación y el encanto, son prueba de que el manual maquiavélico no solo se lee, sino que se practica con fervor.

Biden, por su parte, navega las aguas turbulentas de la política actual con una máscara de bonhomía, recordándonos que el poder también se puede ejercer con una sonrisa paternal y promesas de reconciliación. Sin embargo, en los pasillos del poder, la sonrisa se desvanece y el abrazo se convierte en estrangulamiento si los hilos del interés así lo dictan.

Obama, el orador elocuente con la habilidad de cautivar audiencias, manejaba el arte de parecer virtuoso, una de las recomendaciones más sutiles de Maquiavelo. Su presidencia fue un balance entre el idealismo y el pragmatismo, siempre con un ojo en la historia y el otro en el tablero de ajedrez internacional.

Bush, con su 'eje del mal' y su política exterior de mano dura, recordó al mundo que el temor es un instrumento de poder tan efectivo como lo fue en los días de los principados italianos. La guerra y la seguridad nacional se convirtieron en ejes de un gobierno que, bajo la máscara de la democracia, no dudó en ejercer su poder de forma unilateral.

Clinton, el carismático seductor, entendió que el poder a menudo reside en la habilidad de persuadir y seducir, tanto a la población como a los adversarios políticos. Su agilidad para navegar escándalos y salir casi indemne es testimonio del ingenio maquiavélico en su máxima expresión.

El Maquiavelismo del siglo XXI ha adoptado nuevas formas; las redes sociales son ahora el campo de batalla donde se libran guerras de información y desinformación. La diplomacia se juega en 280 caracteres, y los tratados se pueden deshacer con un simple clic.

En este nuevo capítulo de la historia, los líderes deben ser tanto príncipes como juglares, maestros en el arte de la manipulación digital, capaces de orquestar campañas de propaganda con la misma destreza que sus antecesores tejían alianzas y conspiraciones.

El poder ya no solo se mide en términos de ejércitos y territorios, sino en likes, seguidores y la capacidad de viralizar un mensaje. La opinión pública es una bestia voluble y voraz, y en este circo de la política moderna, los actores deben saber cuándo toca ser domadores y cuándo toca vestirse de payasos.

La democracia se encuentra en una encrucijada, donde los principios maquiavélicos se entrecruzan con el idealismo democrático. Los líderes deben decidir si abrazarán la transparencia y el servicio público o si se sumergirán en las aguas turbias del pragmatismo y la búsqueda del poder por el poder mismo.

Así, el siglo XXI nos presenta un nuevo renacimiento del pensamiento de Maquiavelo, donde la única constante es el cambio y la única certeza es la incertidumbre. Los líderes que entiendan y apliquen las lecciones del pasado, adaptándolas a los desafíos del futuro, serán quienes escriban los próximos capítulos de la historia.

Porque en la danza macabra del poder, la música nunca se detiene; solo cambia el ritmo. Y en este baile sin fin, Maquiavelo sigue siendo el maestro de ceremonias, observando desde las sombras, eterno y astuto, susurrando que, al final, el fin justifica los medios.

Capítulo 9: ¿Qué es la Post-Verdad?

En los entresijos del poder, la verdad se ha convertido en una dama esquiva, que baila al son que le tocan las flautas de los estrategas políticos. La post-verdad, esa palabra que retumba en los corredores del Capitolio como un eco distorsionado de la realidad, es el nuevo terreno de juego de los príncipes modernos, donde el aprendizaje de Maquiavelo encuentra su perfecto escenario.

Esta era de post-verdad, que más parece un término sacado de una novela distópica, se asienta sobre la premisa de que los hechos objetivos son menos influyentes en la formación de la opinión pública que los apelativos a las emociones y las creencias personales. ¿Cómo no recordar a nuestro querido Niccolò en este punto? Él, que aconsejaba al príncipe ser tan astuto como un zorro y tan feroz como un león, seguramente se deleitaría al ver cómo sus preceptos se aplican en este escenario de espejismos y realidades maleables.

En la época de Trump, la post-verdad se convirtió casi en una política de Estado. Las "fake news", como él las denominaba, no eran más que noticias que desafiaban su particular visión de la realidad. En este tablero de ajedrez, las piezas se movían no conforme a la estrategia y la lógica, sino al capricho de las percepciones y los sentimientos. Maquiavelo bien podría haber escrito un capítulo adicional en "El Príncipe" dedicado a cómo manejar la verdad para conservar el poder en un mundo que premia la narrativa sobre los hechos.

Biden, por otro lado, ha intentado devolver al discurso político a un territorio más reconocible, pero se enfrenta a la herencia de un escenario en el que la línea entre la verdad y la ficción se ha difuminado peligrosamente. Su tarea es titánica, pues el terreno ya ha sido abonado con las semillas de la desconfianza y el escepticismo.

Obama, con su retórica inspiradora y su capacidad de conectar emocionalmente, también navegó las aguas de la post-verdad, aunque con un estilo más sutil y menos abrasivo que su sucesor. Utilizó la narrativa como una herramienta para moldear la realidad a su visión de esperanza y cambio, aunque, en ocasiones, la realidad misma se resistiera a ser encorsetada en los límites de un discurso.

En cuanto a Bush y Clinton, ambos también jugaron sus cartas en una era donde la post-verdad no tenía nombre, pero ya practicaba sus primeros pasos de baile. Con cada administración, el arte de la manipulación ha sido refinado, adaptándose a los tiempos y a las tecnologías que permiten una difusión más rápida y efectiva de las percepciones.

En estos días, la verdad es una mercancía que se compra y se vende, se adapta y se moldea en función de los objetivos políticos. Los hechos son apenas peones en un juego de ajedrez donde la estrategia maquiavélica se ha adaptado a los tiempos modernos. Si Niccolò estuviera aquí, probablemente esbozaría una sonrisa sardónica, admirando cómo su príncipe ha evolucionado, cómo sigue reinando en un mundo donde la verdad es solo un detalle más en el gran esquema del poder.

En la post-verdad, el príncipe moderno no solo debe conocer la naturaleza de sus súbditos y adversarios, sino que también debe ser un maestro en el arte de la narrativa, capaz de tejer la realidad a su antojo, siempre con un ojo en la perspectiva de Maquiavelo: el fin justifica los medios, y en el juego del poder, la verdad es tan solo una herramienta más en el arsenal de quien busca mantenerse en la cima.

Capítulo 9.1: Fundación

En las intrincadas galerías del poder, los cimientos son aquellos que rara vez se ven, pero siempre se sienten. En la política estadounidense, las fundaciones de la influencia se construyen con la misma meticulosidad con la que un albañil coloca la primera piedra de una catedral. Y es que, queridos lectores, no nos engañemos: la Casa Blanca es una catedral moderna donde se rinde culto al poder, y cada presidente, un pontífice en su particular Vaticano.

Para comprender las maquinaciones de este ajedrez viviente que es la política de las barras y las estrellas, debemos escudriñar en los sótanos donde se fragua la verdadera estrategia. Maquiavelo, ese astuto observador de la condición humana, nos enseñó que un príncipe sólido debe tener bases sólidas. Y en esta danza de sombras y luces que es la política estadounidense, las bases son tanto ideológicas como prácticas.

Observemos, si no, a nuestro más reciente príncipe, el señor Biden. Ascendió al trono con la promesa de ser el antídoto al veneno de la polarización, pero ¿acaso no es él mismo un producto de las mismas fundaciones que levantaron el escenario para su predecesor? El demócrata de sonrisa afable y palabra pausada asumió el mando en un Capitolio aún temblando por los ecos del asalto. Bajo su manto de unidad, el príncipe Biden ha tenido que danzar con lobos y ovejas, recordándonos que las fundaciones de su poder descansan en un equilibrio tan precario como el de una silla de tres patas.

No olvidemos al magnate de la torre de cristal, el señor Trump, cuyo reinado fue un torbellino de tuits y tormentas mediáticas. Maquiavelo hubiera sonreído con ironía al ver cómo este príncipe moderno entendió que las fundaciones de la política no son de piedra ni de mortero, sino de percepciones y espectáculo. La fuerza de Trump no residía en la tradición ni en la continuidad, sino en su capacidad para erigir una fortaleza en el imaginario colectivo, una que cada tanto golpeaba con la fuerza de un reality show.

Volviendo al pasado, nos encontramos con Obama, el príncipe de la esperanza y el cambio, que con su carisma y elocuencia supo construir unas fundaciones que parecían inquebrantables. Pero incluso él, el orador impecable, se vio atrapado en las redes de un sistema que se resiste al cambio como un viejo edificio se resiste a la reforma. Las fundaciones de su mandato, aunque modernas y progresistas, no estaban exentas de las grietas de un país dividido.

Bush y Clinton, cada uno a su manera, también dejaron su impronta en el mortero de la historia. Clinton, con su astucia y su saxofón, tejía redes de influencia con la habilidad de un arácnido político, mientras que Bush, con la resolución de un vaquero en tiempos de crisis, demostró que las fundaciones del poder pueden ser sacudidas, pero difícilmente derribadas, incluso por las tormentas de la guerra y el terror.

En el juego maquiavélico del poder, las fundaciones no son solo las ideologías y las promesas electorales, sino también los pactos en los pasillos sombríos, los acuerdos en las cumbres iluminadas y las alianzas que se forjan en el fragor de las crisis. Son las piezas ocultas que sostienen el tablero sobre el que caminan reyes y peones por igual.

Así pues, al analizar las intrigas capitolinas, no perdamos de vista que las verdaderas fundaciones de la política están en el terreno fértil de la naturaleza humana, con sus ambiciones, sus miedos y sus deseos. En este escenario, cada líder es un arquitecto y cada partido un equipo de obreros, todos empeñados en levantar su visión sobre las ruinas de las anteriores. Y el público, ese eterno espectador, mira y juzga, a menudo olvidando que las estructuras más majestuosas son aquellas cuyos cimientos, aunque invisibles, son inquebrantables.

Capítulo 9.2: Cómo y Cuándo Comenzó y Su Profunda Relación con el Maquiavelismo

El juego de poder en Washington no es precisamente un tablero de ajedrez para principiantes. Aquí, las piezas se mueven con una astucia que haría palidecer al mismísimo Nicolás Maquiavelo, cuyo espectro, no dudemos, deambula por los pasillos del Capitolio, susurrando consejos a aquellos dispuestos a sacrificar la ética en el altar de la ambición.

¿Cómo y cuándo empezó esta danza de manipulaciones y engaños? Pues bien, la semilla de la que germinaría este arbusto espinoso de la política estadounidense fue plantada mucho antes de que los cinco presidentes mencionados pusieran su firma en el Despacho Oval. No obstante, para comprender la relación entre el maquiavelismo y las intrigas en el Capitolio, debemos sumergirnos en la era contemporánea, donde la sombra de Maquiavelo se proyecta con una nitidez escalofriante.

En la era de Clinton, el escenario político ya estaba bien aderezado con las especias de la estrategia y el oportunismo. El episodio de Monica Lewinsky y el posterior juicio político demostraron que, en política, no solo importa la verdad, sino cómo se presenta la verdad. Clinton, el seductor de Arkansas, supo bailar al borde del abismo con la gracia de quien entiende que en política, a menudo, sobrevive quien mejor juega sus cartas, no necesariamente quien las tiene mejores.

George W. Bush, por su parte, nos enseñó que incluso la percepción de ingenuidad puede ser un arma. En medio de la conmoción del 11 de septiembre y las guerras que siguieron, Bush y su administración aplicaron a la perfección la máxima maquiavélica de que el fin justifica los medios. La invasión a Irak, vendida como una cruzada contra las armas de destrucción masiva, fue un tour de force de realpolitik que aún resuena en los anales del poder.

Con Obama, el maquiavelismo tomó una forma más sutil, más refinada. Su habilidad para proyectar una imagen de cambio y esperanza, mientras maniobraba con fuerza en el tablero internacional (recordemos la operación que acabó con Osama bin Laden), demostró que, a veces, el príncipe moderno debe saber cuándo revestir la fuerza con la seda de la retórica inspiradora.

La llegada de Trump al poder fue como ver a Maquiavelo en esteroides. El magnate neoyorquino transformó la Casa Blanca en un ring de boxeo donde no había golpe bajo prohibido. Su política de "America First" y su habilidad para desviar la atención de los escándalos con un nuevo tuit demostraron que, en la era de la información, quien controla el ciclo de noticias, controla la narrativa.

Y aquí estamos, en la era de Biden, intentando descifrar si estamos ante un retorno a la política tradicional o simplemente ante una pausa en esta serie de dramas maquiavélicos. Biden, con su aire de abuelo bonachón, podría pasar por un anti-Maquiavelo, pero no subestimemos el poder de la experiencia y la paciencia en el juego del poder. La retirada de Afganistán ha mostrado que incluso un viejo lobo puede desplegar las garras cuando la situación lo requiere.

Así que, queridos lectores, la relación entre el maquiavelismo y las intrigas en el Capitolio no es un romance reciente. Es un matrimonio de conveniencia que lleva décadas, si no siglos, consolidándose. Es el reconocimiento tácito de que, en las altas esferas del poder estadounidense, como aconsejaba el florentino, es mejor ser temido que amado... siempre que se pueda evitar ser odiado.

Y en este ajedrez de gigantes, donde cada movimiento está cargado de cálculos y consecuencias, no hay duda de que Maquiavelo estaría orgulloso de sus aplicados discípulos, quienes han entendido que, en el juego del poder, no hay reglas fijas, solo jugadores dispuestos a todo por un instante de gloria en la historia.

Capítulo 10: Análisis de Diferentes Partidos Políticos y Movimientos en Estados Unidos

En el complejo tablero de ajedrez que es la política estadounidense, cada pieza tiene su papel, cada movimiento su propósito y cada jugador su estrategia. No es un juego para los débiles de corazón o para aquellos que temen ensuciarse las manos en el fango de la ambición y el poder. Y entre este fragor de aspiraciones, los partidos políticos y movimientos se erigen como las grandes casas que disputan el Trono de Hierro de la política americana.

El Partido Demócrata y el Partido Republicano se presentan como los eternos Guelphos y Gibelinos, cuyas luchas se extienden más allá de las fronteras de sus ideologías para sumergirse en las profundidades de la psique nacional. Los demócratas, con su aura de progresismo, se posicionan como los defensores de las minorías, los artífices del cambio social y los paladines de una economía más regulada. No obstante, ¡ay de aquel que se deje engañar por su aparente benevolencia! Pues en sus filas también se cuecen habas, y sus figuras prominentes, como Clinton, Obama y Biden, han sabido jugar con la fortuna y la virtù para mantenerse a flote en el tumultuoso mar de la política.

Por su parte, el Partido Republicano, con su alegato al conservadurismo, la libertad de mercado y el nacionalismo, se ha ganado tanto la lealtad de la América profunda como el recelo de las costas ilustradas. La era de Bush mostró la cara del unilateralismo y la fuerza militar, mientras que Trump emergió como el César contemporáneo, que aunque despreciado por la élite, fue elevado en hombros por las masas descontentas. Su reinado, marcado por la controversia y el desafío a las normas establecidas, fue una lección de maquiavelismo en carne viva, mostrando que a veces es mejor ser temido que amado, si no puedes ser ambas cosas.

No obstante, sería un error pensar que el espectro político estadounidense se limita a estos dos leviatanes. Surgen movimientos como el Tea Party en el ala derecha, evocando la esencia de la libertad americana con un sabor a revuelta fiscal, o los progresistas y la llamada "Squad" en el ala izquierda, que, con su juventud y fervor, buscan llevar a los demócratas hacia horizontes más socialistas. Estos movimientos, aunque menores en tamaño, son cruciales en la definición de agendas y en el incesante pulso por la opinión pública.

Además, la aparición de figuras como Bernie Sanders y Elizabeth Warren, con su retórica populista de izquierdas, ha sacudido los cimientos de la política tradicional, forzando a los grandes partidos a reevaluar sus posturas y a veces, a regañadientes, a incluir en sus plataformas demandas populares como la atención médica universal o la lucha contra la desigualdad económica.

Y en este juego de poder, donde la imagen y la percepción son tan importantes como las acciones, los medios de comunicación y las redes sociales actúan como los heraldos modernos, capaces de ensalzar o derribar a un político con la rapidez de un tuit. Los líderes deben ser astutos, deben saber cuándo hablar y cuándo guardar silencio, cuándo ser transparentes y cuándo actuar en las sombras.

Maquiavelo hubiera disfrutado de este espectáculo, observando cómo sus enseñanzas se aplican con tal destreza en la arena política actual. Porque en el fondo, la política no ha cambiado tanto desde los días de la República Florentina; sigue siendo el arte de lo posible, el territorio de lo práctico por encima de lo ideal, donde el fin justifica a menudo los medios y donde el poder es el premio último.

En conclusión, los partidos y movimientos políticos en Estados Unidos son un reflejo de la diversidad y la complejidad de su sociedad. Son entidades vivas, en constante evolución, que se adaptan a las mareas del tiempo y la opinión pública. Pero, como bien nos enseñó el astuto florentino, en su núcleo, sus luchas son eternas, sus ambiciones inmutables y sus intrigas, tan predecibles como sorprendentes en sus resultados.

Capítulo 11: Maquiavelo en la Política Contemporánea: El Arte de Navegar entre Gigantes

En la escena política contemporánea, el escenario se ha vuelto más complejo que el tablero de ajedrez de un demente. Con las piezas dispuestas en una geometría variable, los mandatarios actuales danzan al son de una música que parece susurrada por el propio Nicolás Maquiavelo desde las sombras de su eterno reposo.

El poder, ese elixir embriagador que ha fascinado a los líderes desde tiempos inmemoriales, sigue siendo el objetivo final. Y es que, aunque las caras cambien y los ideales se modernicen, el manual del florentino sigue siendo una guía esencial para cualquier aspirante al trono del poder, en especial para los últimos cinco inquilinos de la Casa Blanca, que han bebido de sus páginas, aunque algunos con más disimulo que otros.

Trump, con su bravuconería de magnate neoyorquino, fue quizás el que menos ocultó su admiración por el pragmatismo maquiavélico. Su gobierno fue un desfile de lecciones del Príncipe: el arte de la sorpresa, la utilización de la fuerza (retórica), y el mantener a amigos y enemigos en un constante estado de incertidumbre. "Mantén a tus amigos cerca, pero a tus enemigos más cerca aún", podría haber sido el mantra de su administración, mientras despedía a colaboradores con la misma facilidad con que despedía a concursantes en su reality show.

Biden, por otro lado, parece ser el abuelo benigno que esconde una astucia no tan inocente. Encarna la virtud maquiavélica de la paciencia y la cautela, moviéndose con la lentitud de un perezoso, pero con la precisión de un cirujano. Su política exterior, un intento de restaurar alianzas y recomponer la imagen de los Estados Unidos, es un juego sutil de ajedrez donde cada movimiento busca reforzar la posición de su reino, aunque el tablero esté plagado de trampas y espejismos.

Obama, con su carisma y su habilidad para hablar el lenguaje de los ángeles, encarnó la adaptabilidad maquiavélica. Supo ser el león y el zorro, inspirando y engañando cuando fue necesario. Sus dos mandatos se balancearon entre el idealismo de su retórica y la dura realidad del poder, donde no siempre se puede "esperar el cambio", sino que hay que forzarlo, a veces con mano de hierro en guante de seda.

Bush y Clinton, cada uno con su estilo, no se quedaron atrás en la aplicación de las lecciones del maestro italiano. Bush, con su política de "o estás con nosotros o estás contra nosotros", llevó la determinación maquiavélica a un extremo casi caricaturesco, mientras que Clinton, con su habilidad para el esquive y su sonrisa de chico bueno, demostró que el encanto personal es una herramienta poderosa para conservar el poder y manipular la opinión pública.

En este ajedrez maquiavélico del siglo XXI, el poder no se gana solo en las urnas, sino en las pantallas de televisión, en los tweets que se vuelven virales y en las narrativas que se construyen en la mente colectiva. Los líderes actuales deben ser maestros en el arte del espectáculo, en la manipulación de las masas y en el juego de las apariencias, donde la verdad es tan maleable como la plasticina en manos de un niño.

Así, la política contemporánea se convierte en una obra teatral en la que cada actor debe conocer su papel, improvisar cuando la situación lo requiere y, sobre todo, nunca olvidar que el público está observando, juzgando y esperando el próximo acto. En este escenario, Maquiavelo no es solo un espectador; es el director de orquesta, el guionista y, quizás, el crítico más implacable.

El Príncipe moderno ya no porta corona ni cetro, sino que empuña las herramientas de la comunicación masiva y la psicología social. La fortuna sigue siendo esquiva, pero la virtud ya no es solo la habilidad para actuar con valentía, sino la capacidad para navegar en las turbulentas aguas de la opinión pública y la geopolítica con una destreza que incluso Maquiavelo aplaudiría desde su tumba.

En este nuevo capítulo de la saga política, la pregunta no es si Maquiavelo está presente en la política contemporánea, sino cuánto de su esencia hemos asimilado, consciente o inconscientemente. Porque, al final del día, el poder sigue siendo ese juego en el que las reglas las escribe aquel que mejor entienda la naturaleza humana y la eterna ambición que nos impulsa a todos, desde el ciudadano más humilde hasta el líder más poderoso. Y en ese juego, Maquiavelo sigue siendo el gran maestro.

Capítulo 11.1: Republicanos - El Juego del Poder y la Sombra de Maquiavelo

En el tablero de ajedrez de la política estadounidense, las piezas se mueven con la precisión de un relojero suizo y la astucia de un zorro en el gallinero. La partida de ajedrez, no obstante, tiene un toque maquiavélico, sobre todo cuando se mira a través de la lente de los republicanos, quienes, en su anhelo de poder, han tomado algunas lecciones del florentino, aunque no siempre con la sutileza deseada.

Si Maquiavelo levantara la cabeza y examinara la situación actual, vería en el Partido Republicano un ente que ha bailado alrededor de sus principios como la más elegante de las danzas de salón. No obstante, el baile ha tenido tropiezos, pasos en falso que han revelado la distancia a veces cósmica entre el ideal y la práctica.

El último acto maquiavélico en la larga saga republicana lo protagonizó Donald Trump, un hombre cuya relación con la verdad era tan elástica como una goma de mascar bajo el zapato de un transeúnte en un día de verano en Nueva York. Trump, que llevó al partido a una victoria resonante en 2016, aplicó una suerte de "El fin justifica los medios" al extremo, en una versión que habría hecho que el propio Maquiavelo se ruborizara o, en su defecto, tomar nota ávidamente.

Trump entendió como pocos el poder de la palabra y el espectáculo, empleando ambos como si fueran la espada y el escudo de un gladiador en la arena de la opinión pública. No dudó en desviar la atención de escándalos con declaraciones más escandalosas aún, en un acto de escapismo político que haría palidecer a Houdini.

Siguiendo en la línea temporal, nos encontramos con figuras como George W. Bush, quien, aunque menos versado en las artes de la distracción y el escándalo, supo mantenerse a flote en tiempos turbulentos, jugando sus cartas con la discreción de un agente secreto en una misión en territorio enemigo. Y aunque su andar no fue siempre firme, mantuvo el capote republicano ondeando al viento.

En contraste, Bill Clinton, aunque demócrata, supo jugar el juego republicano en ocasiones, especialmente en el arte de la supervivencia política. Su habilidad para escurrirse de los embrollos con una sonrisa y un encogimiento de hombros era casi digna de un capítulo aparte en "El Príncipe".

Obama y Biden, por su parte, han sido más cautelosos en sus movimientos maquiavélicos. Obama, con su retórica elevada y su mirada puesta en una historia más amable, y Biden, con su apariencia de abuelo bonachón, han aplicado las lecciones del maestro florentino con una mano más suave, más guante de seda que puño de hierro.

El Partido Republicano, en su conjunto, ha demostrado una tenacidad en la lucha por el poder que merece un estudio detallado. Han sabido, en su mejor momento, ser los príncipes de Maquiavelo en el siglo XXI, adaptando sus enseñanzas a un mundo de redes sociales y noticias que viajan más rápido que la luz. Han comprendido que en la política moderna, la percepción es tan importante, o más, que la realidad.

Ha habido, por supuesto, momentos en los que el partido se ha alejado de las doctrinas maquiavélicas, dejándose llevar por la marea de la opinión popular o los dictámenes de su base más fervorosa, pero aún en esas ocasiones, se puede vislumbrar la sombra de Maquiavelo, observando desde la distancia, una ceja arqueada en una mezcla de crítica y admiración.

En definitiva, el Partido Republicano ha sido y sigue siendo un estudio fascinante de las intrigas maquiavélicas en la capital. Pues, en este juego de tronos político, el poder se gana y se pierde con la habilidad de un prestidigitador, y la astucia de un príncipe renacentista que aún susurra desde las páginas amarillentas de un libro que nunca deja de ser actual.

Capítulo 11.2: Las Partidas de Ajedrez del Partido Demócrata

En el tablero político estadounidense, las piezas se mueven con la sutileza de un juego de ajedrez donde cada decisión puede ser fatal. Aquí, el Partido Demócrata no es una entidad monolítica, sino una amalgama de facciones, intereses y estrategias que a menudo parecen sacadas del manual de Nicolás Maquiavelo. Los demócratas, al igual que su contraparte republicana, son maestros en el arte de la guerra política, aunque ellos prefieran el terciopelo al acero en su puño.

La dualidad dentro del partido es tan evidente como un cisma en la iglesia de la política. Por un lado, los progresistas, aquellos cruzados de las causas sociales, ambientales y económicas, levantan sus espadas flamígeras en busca de una revolución que desarraigue las estructuras de poder establecidas. Por el otro, los moderados, cuyas armaduras están bañadas en el pragmatismo y las negociaciones a puertas cerradas, buscan la victoria a través de la diplomacia y la política de concesiones.

La era de Obama fue el alba de los ideales progresistas, un sueño americano teñido de azul profundo y promesas de cambio. Sin embargo, Maquiavelo hubiera advertido que la virtud sin fortaleza es un riesgo. El 44º presidente, con su carisma y su elocuencia, jugó la partida promoviendo la unidad, pero en las sombras, los republicanos tejían su red, obstruyendo y desafiando cada movimiento en un tablero que no admitía la ingenuidad.

Luego vino el terremoto Trump, un estruendo que sacudió los cimientos de la política tradicional. Su mandato fue un recordatorio brutal de que el poder no solo se debe adquirir, sino mantener a cualquier costo. El Partido Demócrata, herido pero no vencido, se reagrupó bajo la bandera de Biden, un caballero de la vieja guardia que entendió que a veces para ganar hay que pactar con el diablo, o al menos con aquellos que fluctúan en la penumbra del espectro político.

La presidencia de Biden refleja un ejercicio de equilibrismo digno de un trapecista maquiavélico. Entre las presiones de la izquierda más radical y la necesidad de apaciguar a una nación dividida, su gobierno es un acto de navegación en aguas turbulentas. La administración actual intenta unir las piezas, pero el juego de poder interno es tan peligroso como el enfrentamiento con los republicanos. Cada facción tira de la cuerda, buscando inclinar la balanza hacia su visión del futuro.

En estas lides, el expresidente Clinton emerge como un espectro de la astucia política, un maestro en el arte de la supervivencia y la adaptabilidad. Su legado es un recordatorio de que en política, como en la vida, no hay amigos ni enemigos eternos, solo intereses permanentes. Bush, a su vez, es un ejemplo de cómo la percepción de rectitud puede ser tanto un activo como un lastre.

La gran interrogante para el Partido Demócrata es si podrán aprender de su pasado, adaptarse a su presente y planificar su futuro, o si caerán víctimas de sus propias intrigas y ambiciones desmedidas. La enseñanza maquiavélica es clara: quien no aprende a ser zorro para reconocer las trampas y león para espantar a los lobos, está destinado al fracaso.

En el juego de poder del Partido Demócrata, cada movimiento es un paso en una danza compleja y peligrosa. La victoria final no la determinará el que grite más alto, sino el que, en silencio, mueve las piezas con la precisión de un relojero y la visión de un estratega. Porque, al final del día, en el ajedrez político, como en el de Maquiavelo, el fin justifica los medios. Y en este juego, no hay jaque mate hasta que cae el último rey.

Capítulo 11.3: Los Liberales – Entre la Utopía y la Pragmática

En las andanzas del poder, no hay bestiario político más fascinante que el de los liberales. Adeptos a la causa de la libertad, la igualdad y la fraternidad, sus ideales se enarbolan como estandartes en las plazas públicas, pero en las sombras del Capitolio, los principios maquiavélicos acechan con igual fervor.

Los liberales, aquellos paladines de la justicia social, defensores de las minorías y pregoneros de una economía regulada en pro del bienestar común, se hallan en una encrucijada maquiavélica. Deben navegar entre la virtud de sus convicciones y la fortuna de las circunstancias políticas que a menudo requieren de la astucia sobre la moralidad.

Tomemos, por ejemplo, a la figura de Barack Obama, cuyo carisma y habilidad retórica encarnaban la esperanza y el cambio. No obstante, su andadura por los pasillos del poder demostró que incluso el más elocuente de los líderes debe sucumbir ante la pragmática maquiavélica. Su lucha por el Obamacare, si bien revestida de nobles intenciones, fue una partida de ajedrez donde cada movimiento se calculó con la precisión de un relojero suizo.

Por otro lado, los ideales liberales se enfrentan al escepticismo de quienes, como Niccolò Maquiavelo, entendían el poder como un fin en sí mismo. La lucha por el progreso social choca con la pared de intereses establecidos, y la pureza de intenciones se ve manchada por la necesaria negociación con lobos vestidos de ovejas.

En la era de Trump, los liberales se vieron como Don Quijote contra molinos de viento. La retórica incendiaria del magnate, su habilidad para desmantelar la verdad y su descarado desdén por las convenciones pusieron a prueba la resiliencia liberal. Aquí se evidenció una vez más que la política es el arte de lo posible, no de lo ideal.

La llegada de Biden ha sido como un bálsamo para el alma liberal, pero no nos engañemos, el veterano político conoce los corredores oscuros del poder y sabe que la virtud sin astucia es como un barco sin timón. Si bien su presidencia promete un retorno a la normalidad, la normalidad en Washington nunca ha estado exenta de las intrigas maquiavélicas.

La figura del liberal moderno, pues, se encuentra en un constante juego de balance. Por un lado, la presión por mantenerse fieles a sus principios democráticos y humanitarios, por otro, la ineludible verdad de que el poder requiere sacrificios y, a veces, alianzas con el diablo.

Los Clinton, con su maquinaria política bien engrasada, son un ejemplo de cómo los ideales liberales pueden coexistir con una aguda conciencia de la realidad del poder. Su habilidad para navegar aguas tumultuosas, haciendo concesiones cuando fue necesario, refleja que la supervivencia política a menudo depende de la flexibilidad y la capacidad de adaptación, virtudes que Maquiavelo hubiera aplaudido.

En conclusión, el liberal del siglo XXI debe ser un camaleón, capaz de cambiar de color cuando la situación lo requiera, sin perder de vista el horizonte utópico que le da sentido a su lucha. Deben leer a Maquiavelo no como un manual, sino como un espejo que refleja la complejidad de la naturaleza humana y los retos inherentes a la gestión del poder. La intriga, la astucia y la pragmática son herramientas tan necesarias en su arsenal como la esperanza y la empatía, porque en el gran tablero del Capitolio, los finales felices se escriben con la tinta de la realidad, no solo con la de los ideales.

Capítulo 11.4: Conservadores en la encrucijada del poder

En el ajedrez político que rige las intrigas de la capital estadounidense, la pieza de los conservadores ha sido una torre poderosa, una fortaleza móvil que ha protegido y atacado con la misma vehemencia. Su juego, una danza de preservación y avance, ha estado marcado por el manual de un florentino que entendió el poder como pocos.

El conservadurismo americano, esa amalgama de tradición, libertad económica y fuerte sentimiento nacionalista, ha encontrado en sus líderes figuras que, a veces, han parecido sacadas de las páginas de "El Príncipe". Líderes que han sabido ser zorros para reconocer las trampas y leones para aterrorizar a los lobos, como aconsejaba Maquiavelo.

En la era de Bush, la compostura conservadora se vistió de guerra y seguridad nacional. Un príncipe moderno que, ante el terror y la incertidumbre, supo usar la fuerza como virtud y la precaución como necesidad. ¿No es acaso la habilidad de persuadir a una nación para que apoye un conflicto lejano un eco de las habilidades maquiavélicas?

Luego vino la astucia de un Clinton que, aunque no conservador, jugó con las cartas de la moderación y la economía, terrenos en los que los conservadores gustan de cazar. Y aunque el juego cambió de manos, los principios quedaron en la mesa, listos para ser usados por quien supiera interpretar los signos de los tiempos.

Con la llegada de Obama, el conservadurismo tuvo que enfrentarse a un juego de espejos, a un oponente que, con una sonrisa y la promesa del cambio, desafiaba las bases mismas de su fortaleza. Pero en la resistencia, en la formación de un bloque sólido contra las olas del cambio, encontraron su fortaleza, como recomendaba el maestro Nicolás: una mixtura de flexibilidad y firmeza.

Con Trump, el conservadurismo pareció volverse príncipe. Aquí, el manual de Maquiavelo no solo se leyó, sino que se interpretó con una libertad que rozaba la reinterpretación. Trump fue el león y el zorro, el príncipe que no temía al escarnio y que, con una audacia sin precedentes, removió las bases del establishment. Pero, ¿fue acaso su reinado prueba de que el poder absoluto puede corromper absolutamente, o simplemente una nueva lección en el vasto tratado del poder político?

Y ahora, bajo la sombra de Biden, los conservadores se encuentran en un nuevo capítulo, uno donde la reflexión y la estrategia deben conjurarse para retomar el poder. La moderación de Biden es una llamada a las armas en forma de diálogo y encuentro. ¿Sabrán los conservadores ser los maestros de la paciencia y la estrategia que Maquiavelo aconsejaba?

En este tablero en constante cambio, los conservadores deben recordar que el poder es un fin que justifica la metamorfosis de las tácticas. Deben entender que la fortaleza no solo se muestra en la batalla, sino también en el silencio calculador de la planificación. Deberán ser los arquitectos de un nuevo renacimiento o los guardianes de una era que se desvanece.

Así, los conservadores en la encrucijada del poder deben estudiar el pasado para conquistar el futuro, armados con la sabiduría de un tratado que nunca envejece y la perspicacia de entender que, en política, quien no avanza retrocede. Y en esta danza de poder, solo aquellos que entiendan la coreografía maquiavélica podrán aspirar al triunfo en la capital de las intrigas.

Capítulo 11.5: Análisis completo de todos

En el ajedrez político donde los peones y los reyes se confunden en una misma partida, la visión maquiavélica se convierte en el faro que ilumina las siluetas de los titanes que han dirigido el destino de la nación más poderosa del planeta. El análisis está completo, y la partida, aunque siempre en juego, revela sus estrategias y tácticas bajo el escrutinio de la lente del poder y la astucia.

En la era de Trump, el tablero estuvo marcado por la audacia y la contundencia de un estilo que desafiaba las normas establecidas. Como un príncipe moderno que optó por el mazo antes que por la sutileza, su reinado estuvo plagado de movimientos temerarios que, si bien descolocaron a sus adversarios, también fracturaron las alianzas dentro de su propio reino. Maquiavelo hubiera advertido sobre el peligro de perder el favor de los poderosos, aquellos cuyo apoyo es crucial en tiempos de adversidad.

Biden, con la serenidad que otorga la experiencia y el peso de la edad, ha intentado reconstruir puentes y sanar heridas, aunque su juego se asemeja más al de un pacificador que al de un estratega. Su mandato, hasta ahora, es un intento de equilibrio entre el progreso y la moderación, entre la ambición de cambio y el respeto por las instituciones. Pero en la política, como en la guerra, la indecisión puede ser tan perjudicial como la precipitación, y Maquiavelo no dudaría en señalar la necesidad de firmeza y decisión cuando la situación lo requiere.

Obama, con su carisma y su capacidad oratoria, fue el maestro de la imagen y la percepción, elementos clave en la obra de Maquiavelo. Supo moverse entre el idealismo y la pragmática, aunque su legado se ve desafiado por las sombras de compromisos no cumplidos y guerras no terminadas. Su juego fue uno de esperanza y de promesas, donde a veces la realidad del poder no estuvo a la altura de las expectativas creadas.

Bush y Clinton, cada uno con sus propias victorias y demonios, también navegaron las turbulentas aguas de la política con distintos grados de éxito. Bush, con la decisión que llevó a conflictos interminables, y Clinton, con el escándalo que manchó su habilidad política, demostraron que incluso los más astutos pueden caer presa de sus propias trampas.

La enseñanza maquiavélica resalta que el poder es un fin en sí mismo y que el príncipe debe estar dispuesto a todo para conservarlo. Los presidentes de los Estados Unidos, figuras que han encarnado la voluntad de una nación, se han enfrentado a la disyuntiva entre lo que es correcto hacer y lo que es necesario para mantenerse en la cima. Los principios y fundamentos expuestos por Maquiavelo parecen eternos y aplicables en la medida en que los líderes y los partidos políticos los interpretan y los adaptan a sus circunstancias.

El análisis está completo, pero la historia continúa escribiéndose en cada decisión, en cada crisis, en cada momento de triunfo o de fracaso. Los líderes pasan, los principios quedan y el juego del poder se reinventa con cada nuevo aspirante al trono. En el Capitolio, los ecos de Maquiavelo resuenan con la misma intensidad que en las páginas de "El Príncipe", recordando a aquellos que buscan dirigir el destino de millones que la fortuna favorece a los audaces, pero solo si su audacia está templada por la sabiduría y la astucia de los que saben jugar el juego.

Capítulo 12: Breve Descripción Histórica de los Últimos Presidentes de los Estados Unidos

En la galería de figuras que han ocupado el Despacho Oval, los últimos cinco inquilinos ilustran un fresco digno de Maquiavelo, donde la ambición y el poder se entrelazan con la astucia y la fortaleza, virtudes y vicios que el florentino describía con tanta perspicacia.

Comencemos por William Jefferson Clinton, cuyo carisma y habilidad política estuvieron siempre flanqueados por escándalos que podrían haber desgarrado a un hombre menos astuto. Con una sonrisa de niño travieso y un saxofón en la mano, Clinton supo seducir a la nación y al mundo. Pero no fue la música lo que puso a prueba su presidencia, sino su propio lamento de sátiro. Sobrevivió a un juicio político con la misma gracia con la que tocaba aquel saxo, demostrando que en política, a veces, es el espectáculo y no la virtud lo que salva el día.

Luego vino George W. Bush, el vaquero que llegó al poder en la resaca del escándalo y la controversia electoral. Su presidencia fue marcada por el terror y la guerra, y Maquiavelo hubiera aplaudido su determinación, aunque quizás cuestionando las bases de su "fortaleza". Bush hijo, con su "eje del mal" y su "Misión Cumplida", se convirtió en el rostro de una América que, entre la venganza y la seguridad, no temía ensuciarse las botas.

Barack Obama irrumpió en la escena con la promesa del cambio, y su victoria fue un himno a la esperanza. Fue el príncipe que, como aconsejaba Maquiavelo, supo adaptarse a los tiempos. Su elocuencia y su mensaje de unidad fueron el bálsamo que la sociedad americana parecía anhelar tras años de conflicto. Con una nobleza casi literaria, Obama encaró retos titánicos, y aunque no todos sus ideales sobrevivieron el embate de la realidad, su figura quedó marcada por un idealismo que, para bien o para mal, fue revolucionario.

Donald Trump fue la antítesis de su predecesor, el magnate que tomó por asalto la política con la sutileza de un toro en una tienda de porcelana. Su estilo, ajeno a cualquier manual de buen gobierno, rebasó los esquemas tradicionales y, siguiendo a Maquiavelo, entendió que ser temido es más útil que ser amado, si no se puede ambas cosas. Con un gobierno más propio de un reality show, Trump redefinió lo que significa ser presidente en la era de las redes sociales y la verdad alternativa.

Joseph R. Biden llegó como el anciano estadista, el retorno al orden y la cordura tras la tempestad. Prometió restaurar el alma de América y, en cierto modo, su presidencia ha sido un intento de volver a las páginas más convencionales del manual político. No obstante, en un mundo que cambia con la velocidad de un tuit, Biden se enfrenta al desafío de gobernar en una era donde los fantasmas de Maquiavelo bailan al son de la división y la incertidumbre.

Cada uno de estos presidentes ha sido, a su modo, un discípulo de los principios maquiavélicos, ya sea por su fortaleza, su astucia o su capacidad para entender la naturaleza cambiante del poder. Y en esta danza de ambiciones y estrategias, el Capitolio sigue siendo el escenario de intrigas dignas del renacentista italiano que supo descifrar, como nadie, el arte de la política.

Capítulo 13: Historia de Sus Legislaturas

En el ajedrez político que se juega en las cámaras de la gran república, las piezas se mueven con una astucia que haría sonreír al mismísimo Nicolás Maquiavelo. Si bien los presidentes a menudo se llevan la fama, o la infamia, dependiendo del color del cristal con el que se mire, las legislaturas son los verdaderos campos de batalla donde se libran guerras de poder e influencia, tejiendo la historia con hilos de legislación y obstrucción.

La historia de estas legislaturas es un tapiz barroco, tejido con los hilos de las ambiciones más descarnadas y las estrategias más sofisticadas. Desde la época de Clinton, pasando por la era de Bush, la esperanza de Obama, el torbellino de Trump, hasta la resiliencia de Biden, cada legislatura ha reflejado el tumultuoso espíritu de su tiempo, con congresistas y senadores que, como buenos príncipes maquiavélicos, conocen el arte de mantenerse en el poder y de manejar a su antojo la voluntad popular.

Durante la era Clinton, el juego de tronos legislativo estuvo marcado por el pragmatismo y la búsqueda de un centro político que parecía esfumarse tan pronto como se creía alcanzar. La astucia de Clinton fue su habilidad para navegar entre escándalos y políticas centristas, buscando siempre la supervivencia política antes que la ideológica. Aquí, el Congreso fue tanto su enemigo como su aliado, una danza de conveniencias que a menudo se resolvía en los pasillos oscuros más que en el pleno luminoso del Capitolio.

La presidencia de Bush trajo consigo los vientos de la guerra y una legislatura que, bajo la sombra del miedo y la incertidumbre, otorgó poderes extraordinarios al ejecutivo. La unidad post-11 de septiembre fue efímera, y las fisuras entre demócratas y republicanos no tardaron en resurgir. La legislatura de Bush fue un escenario de confrontación ideológica, donde se consolidaron las divisiones partidistas que aún perduran.

Obama, el orador inspirador, enfrentó una legislatura que se convirtió en el muro de las lamentaciones de sus aspiraciones. La obstrucción fue el arma predilecta que sus adversarios utilizaron para frenar sus políticas más ambiciosas. La reforma sanitaria, su gran logro, fue una odisea legislativa que mostró que incluso los más nobles propósitos deben ser forjados en el crisol de la negociación y el compromiso.

La llegada de Trump fue como un elefante en una cristalería, destrozando las convenciones y poniendo a prueba los límites de lo que la legislatura podía tolerar. La división partidista alcanzó niveles estratosféricos y el Capitolio se convirtió en una arena donde los gladiadores políticos luchaban sin tregua ni cuartel. La lealtad a la figura presidencial se transformó en un dogma para algunos, mientras que para otros se convirtió en la batalla definitiva por el alma de la nación.

Con Biden en el timón, la historia de la legislatura toma un tono de reconstrucción, aunque los fantasmas del pasado reciente no dejan de acosar. La lucha por la unidad y el progreso se enfrenta a los escombros de la polarización y el escepticismo. La pandemia, una crisis de proporciones maquiavélicas, ha sido tanto una prueba de liderazgo como una oportunidad para mostrar la resilencia de la democracia, en la que cada voto en el Congreso es un ladrillo que busca reconstruir no solo una economía, sino el tejido mismo de una sociedad fracturada.

Así, las legislaturas de Estados Unidos, en su compleja coreografía de poder y persuasión, continúan escribiendo la historia, una en la que los principios maquiavélicos de astucia, poder y supervivencia se manifiestan en cada ley aprobada y en cada iniciativa bloqueada. El Congreso es un reflejo de la nación, y sus legisladores, ya sean alabados o vilipendiados, son los arquitectos de un presente perpetuamente en construcción hacia un futuro incierto, pero inevitablemente fascinante.

Capítulo 13.1: Actos Maquiavélicos en la Arena Moderna

En los entramados del poder de la capital estadounidense, cada movimiento es un acto calculado, cada declaración un juego de ajedrez donde peones y alfiles son sacrificados en el altar de la ambición. Los principios de Maquiavelo, aquella voz susurrante del Renacimiento, resuenan en los oídos de los estrategas modernos, murmurando que el fin justifica los medios.

El acto 13.1, en esta puesta en escena de la política contemporánea, desvela una faceta cruda de la realidad: el poder se ejerce no solo mediante las acciones visibles, sino también a través de las sombras que estas proyectan. Los últimos cinco presidentes de la nación más poderosa del mundo, aunque distintos en carácter y partido, han interpretado sus roles en esta obra maquiavélica con una destreza que oscila entre lo admirable y lo temible.

En la era de Trump, los actos se tiñeron de una audacia sin precedentes, donde el espectáculo y la provocación se convirtieron en herramientas de gobierno. La moraleja maquiavélica de mantener al pueblo entretenido con el drama mientras se manejan los hilos del poder nunca fue tan literal como en su mandato. La ficción y la realidad se entremezclaron en un teatro del absurdo político.

Por otro lado, Biden, el actor que tomó la posta en un escenario convulsionado, ha optado por una interpretación más sobria, aunque no menos calculada. Sus actos, revestidos de un tono conciliador, buscan recomponer el mosaico fracturado de una sociedad polarizada, pero, sin duda, sus movimientos persisten en la dirección de consolidar el poder y la influencia, siguiendo el guion del florentino que preconiza la estabilidad como vehículo hacia la perpetuidad en el poder.

Obama, con su carisma y oratoria, desempeñó su papel con la sutileza de quien conoce el peso de cada palabra y la importancia del timing. Sus actos, a menudo revestidos de idealismo, no estuvieron exentos de ese pragmatismo maquiavélico necesario para navegar las tumultuosas aguas de la política internacional.

Bush, con su proverbial tendencia a la acción directa, ejemplificó la máxima maquiavélica de que a veces es mejor ser temido que amado, sobre todo en la escena post-11 de septiembre donde su gobierno tomó decisiones que redefinieron el tablero geopolítico mundial y el concepto de seguridad nacional.

Clinton, con su sonrisa encantadora y su habilidad para el juego político, entendió que la flexibilidad es clave en el ejercicio del poder. Sus actos, aunque manchados por escándalos personales, reflejaron la habilidad de adaptarse a las circunstancias y sobrevivir políticamente, una lección directamente extraída de las páginas del maestro Nicolás.

La danza de los actos políticos, cada uno con su propio peso y consecuencias, sigue siendo una coreografía precisa donde los errores cuestan caro y los aciertos se pagan con monedas de poder. En el Capitolio, donde las intrigas maquiavélicas se despliegan con cada golpe de gavel, los líderes actuales continúan interpretando sus papeles en este drama sin fin, donde el público, el pueblo estadounidense, observa expectante el desenlace de cada acto, a menudo sin saber que también es parte del elenco.

Y así, en este capítulo de la historia, los actos 13.1 develan la esencia del poder en su forma más pura: una serie de movimientos estratégicos disfrazados de servicio público, donde cada líder, consciente o no, juega el juego que Maquiavelo describió hace siglos, y que aún hoy, dicta las reglas de la política en la nación más poderosa del planeta.

Capítulo 13.2: Problemas

En la arena política, donde las sombras de Maquiavelo se alargan como los tentáculos de un pulpo gigante, los problemas son el pan de cada día y el verdadero campo de batalla para cualquier príncipe moderno. La historia, en sus caprichosos vaivenes, nos ha legado un elenco de presidentes que, desde Bush a Biden, pasando por la tempestad dorada de Trump y el carisma académico de Obama, han tenido que lidiar con su particular versión del infierno dantesco.

Los problemas, según el florentino, no son sino oportunidades disfrazadas para el estadista perspicaz, un escenario perfecto para desplegar sus habilidades. Pero, ¡ay de aquel que confunde la habilidad con la charlatanería, o peor aún, la estrategia con la improvisación!

Trump, con su estilo bravucón y su retórica incendiaria, enfrentó problemas como quien juega a la ruleta rusa con el destino del país. Construyó un muro, no solo en la frontera, sino entre los propios estadounidenses, dividiéndolos entre leales y traidores a su causa. Maquiavelo hubiera reconocido en él a un príncipe audaz, pero le hubiera aconsejado cautela, pues la fortuna, esa mujer caprichosa, puede dar la espalda a aquellos que la retan sin mesura.

En el caso de Biden, el veterano de la política, sus problemas parecen ser los de un funambulista que intenta equilibrar su andar entre la progresía y el centro, un acto de malabarismo que requeriría el consejo maquiavélico de no mostrar debilidad alguna. La pandemia, la economía y la herencia de una nación polarizada son los dragones que este príncipe moderno debe domar, siempre con una sonrisa que intenta ser tranquilizadora.

Obama, el orador elocuente, se enfrentó a problemas con la gracia de un cisne en un lago contaminado por el petróleo del escepticismo. Su don de la palabra y su visión de esperanza fueron su armadura y su espada, pero Maquiavelo habría susurrado en su oído que la esperanza es tan volátil como el viento en Chicago y que la armadura debe ser forjada con acciones decisivas y no solo con palabras.

Bush, el último conservador antes del tsunami Trump, tuvo sus problemas post 11-S, donde la guerra y la seguridad nacional se convirtieron en el eje de su mandato. El florentino habría asentido con aprobación ante la demostración de fuerza, pero habría advertido que la guerra es una amante exigente que no se sacia con victorias efímeras.

Y Clinton, con su carisma de rockstar y su saxofón, enfrentó los problemas con el encanto de un seductor. Sin embargo, los escándalos y su impeachment le recordaron la lección maquiavélica de que el príncipe debe preservar su imagen, porque la percepción es tan poderosa como la espada.

Los problemas, en su versión siglo XXI, son variados y complejos, pero la esencia de la solución sigue siendo la misma: astucia, previsión y, en ocasiones, la frialdad del cálculo político. El príncipe moderno debe saber que los problemas nunca desaparecen, solo se transforman y esperan en la oscuridad, listos para poner a prueba su habilidad para gobernar. Y en esa eterna lucha, Maquiavelo sonríe desde su tumba, sabiendo que su obra sigue siendo un manual para aquellos que se atreven a jugar el juego más antiguo y peligroso del mundo: el poder.

Capítulo 13.3: Resoluciones Maquiavélicas en la Arena Moderna

En las tumultuosas aguas de la política norteamericana, el arte de la resolución no es sino una delicada danza entre el poder y la percepción, una coreografía que los presidentes desde Clinton hasta Biden han intentado ejecutar con variado éxito. Maquiavelo, en su sagacidad, podría haber considerado estos actos como representaciones teatrales en el gran escenario del poder. Las resoluciones, en este contexto, no son solo decisiones o políticas, sino movimientos estratégicos en el ajedrez de la dominación.

Tomemos, por ejemplo, la figura de Donald Trump. Su presidencia fue una serie de resoluciones audaces, a menudo impulsivas, que buscaban, ante todo, proyectar una imagen de autoridad y decisión infalible. Su estilo, tan crudo como un bistec poco hecho en uno de sus lujosos hoteles, se ajustaba a la perfección a la doctrina maquiavélica de que es mejor ser temido que amado. Sus resoluciones se lanzaban como rayos de Zeus, pretendiendo dejar a sus oponentes tan deslumbrados como ciegos.

Por contraste, la presidencia de Biden, hasta ahora, ha intentado adoptar un enfoque más conciliador, un juego de ajedrez donde cada pieza se mueve con calculada deliberación. Sin embargo, el viejo zorro de la política sabe que la templanza rara vez es recompensada en la arena pública. Así, sus resoluciones son menos relámpagos y más niebla matutina; envuelven y confunden, pero rara vez asustan. Maquiavelo habría sonreído con ironía ante este intento de equilibrio, sabiendo que en la política, como en la guerra, los indecisos son los primeros en caer.

Obama, con su carisma que podía encender el optimismo hasta en los corazones más escépticos, entendía que las resoluciones deben ser tanto pragmáticas como inspiradoras. Su mandato estuvo marcado por una búsqueda del equilibrio maquiavélico entre el idealismo y la necesidad. Sus decisiones, a menudo envueltas en el dulce néctar de la esperanza, buscaban tejer una narrativa donde el cambio parecía no solo posible, sino inevitable.

Mientras tanto, Bush y Clinton, cada uno con sus propios demonios y deidades, también navegaron el arte de la resolución con diferente gracia. Bush, con su política exterior aguerrida, tomó resoluciones que resonaban con el timbre de la urgencia y la determinación. Aunque su legado se vea empañado por las arenas de Iraq y los escombros del 11-S, su certeza era tan firme como la de cualquier príncipe de Maquiavelo.

Clinton, por su parte, con su sonrisa de chico bueno que podía vender hielo a los esquimales, se inclinó por resoluciones que a menudo buscaban el consenso, aunque detrás de esa sonrisa se escondía la astucia de un lince en el bosque de la política. Su habilidad para navegar las turbulentas aguas del escándalo y la política mostró un entendimiento implícito de que, a veces, la resolución más efectiva es la que te permite seguir jugando el juego.

En la arena moderna, las resoluciones están tejidas con hilos de poder y percepción, y los líderes deben ser tanto arquitectos como actores. Maquiavelo, ese eterno observador de las pasiones y poderes humanos, seguramente habría apreciado la complejidad de este teatro político. Porque, al final del día, en el gran tablero de ajedrez de la política norteamericana, las piezas siguen moviéndose y el juego espera por el próximo audaz o calculador movimiento. Y así, los maquiavélicos del Capitolio continúan su baile, entre sombras y luces, resoluciones y consecuencias, en la eterna búsqueda del poder que define y consume a sus jugadores.

Capítulo 13.4 Aplicación de la Filosofía Maquiavélica a sus Acciones y Decisiones

En la arena política norteamericana, los principios maquiavélicos no son solo una sombra del pasado, sino el espíritu que susurra en las cámaras del poder. Las acciones y decisiones de los últimos cinco presidentes de Estados Unidos, desde Clinton hasta Biden, pasando por la tempestuosa era de Trump, nos ofrecen un rico tapiz de estrategias que podrían hacer que el propio Nicolás Maquiavelo sonriera desde su tumba, tal vez con un deje de siniestra aprobación.

Empecemos con Clinton, cuyo carisma y habilidad para maniobrar entre los escándalos le sirvieron para mantenerse en la cresta de la ola política. ¿No escribió Maquiavelo que un príncipe debe ser tanto zorro como león? Pues bien, Clinton fue el zorro que supo esquivar las trampas, y cuando hizo falta, desplegó su melena para rugir con autoridad, manteniendo a sus adversarios a raya.

Posteriormente, la administración de George W. Bush mostró la aplicación del principio maquiavélico de que es mejor ser temido que amado. En tiempos de incertidumbre tras los ataques del 11 de septiembre, Bush adoptó una postura de fuerza, apelando al miedo y a la seguridad nacional, justificando así acciones y decisiones que bajo otras circunstancias habrían sido impensables. Aun cuando la guerra en Irak erosionó su popularidad, el miedo fue la carta que jugó con maestría, siguiendo la senda del Príncipe de Florencia.

Obama, por su parte, parecería distanciarse de las enseñanzas de Maquiavelo. No obstante, se puede argumentar que su "esperanza y cambio" fue una versión moderna del fortuna y virtù maquiavélicos. Supo navegar las olas del destino (fortuna) con habilidad y destreza (virtù), forjando alianzas y utilizando la retórica como una espada para desarmar a sus oponentes. Su capacidad para mantenerse imperturbable ante la adversidad fue, sin duda, una jugada maestra en el tablero del poder.

Con Trump, el escenario político se tornó en un verdadero festín maquiavélico. Aquí tenemos un líder que puso el manual del florentino en primera fila, aunque con un estilo que rozaba la parodia. Su regla era simple: el fin justifica los medios, una máxima que aplicó sin pudor. Sin embargo, su interpretación de Maquiavelo careció del refinamiento y la sutileza que aconseja el filósofo. Trump fue el león que no supo cuándo ser zorro, y su estruendosa caída pudo haber sido anticipada por cualquiera que hubiera leído con atención las advertencias de Maquiavelo sobre los caprichos de la fortuna y la necesidad de adaptarse a los tiempos.

Finalmente, Biden parece estar intentando equilibrar los aspectos del león y el zorro en su administración, aunque la sombra de su predecesor aún pesa sobre su mandato. En su intento por deshacer muchas de las políticas de Trump, Biden ha tenido que ser astuto y fuerte a la vez, buscando restablecer alianzas y reforzar la imagen de Estados Unidos en el escenario mundial. ¿Será suficiente su astucia para sortear las trampas de una nación dividida y una oposición que huele la sangre política?

En conclusión, la filosofía maquiavélica sigue siendo una herramienta fundamental en la caja de herramientas de cualquier político. Cada presidente ha interpretado y aplicado estos principios a su manera, pero todos han demostrado que el poder es un juego en el que solo los más astutos, los más adaptables y, a veces, los más despiadados, pueden realmente prosperar. Y así, entre las sombras del Capitolio, el espíritu de Maquiavelo se regodea, observando cómo sus lecciones de poder son tan pertinentes hoy como lo fueron en los tiempos de los Médici.

Capítulo 13.5: Joe Biden (2021 - presente): El Príncipe Demócrata

En los suntuosos salones de la política estadounidense, Joe Biden, el demócrata de carrera, asumió su trono en medio de una pandemia mundial y las secuelas de un asedio al Capitolio que parecía sacado de las páginas de una novela de intrigas palaciegas. Su coronación el 20 de enero de 2021 no estuvo adornada con los habituales fastos y algarabía. No. El Hombre de Delaware ascendió al poder en un día marcado por el silencio de las calles, una quietud casi sepulcral, que contrastaba con la feroz tormenta política que azotaba la nación.

Biden, el veterano de mil batallas legislativas, se enfrentó a una tarea hercúlea digna de los anales maquiavélicos: reunificar un país fracturado, vacunar una población asediada por la desconfianza y la enfermedad, y restaurar la imagen de una América maltrecha en el escenario mundial. Como

Maquiavelo, que enfatizó la importancia de la virtù y la fortuna, Biden necesitaría de ambas para navegar las turbulentas aguas de su presidencia.

En el ajedrez político, todo movimiento es una potencial trampa y Biden, consciente de ello, optó por la cautela como su primer estratega. Su ley de estímulo económico, un golpe audaz en la economía debilitada, fue una jugada maestra que buscaba apaciguar al pueblo y ganar lealtades, como un rey que reparte oro para asegurar la fidelidad de sus súbditos. Y en materia de salud pública, su campaña de vacunación fue un despliegue de fuerza organizativa que buscaba restaurar la fe en el gobierno federal.

Pero un príncipe, por más noble que sea su linaje, siempre tiene enemigos al acecho. Los rivales de Biden, armados con ardides y retórica inflamable, no tardaron en pintar cada acto de gobierno como un paso hacia el socialismo, un fantasma que aún asusta a ciertos rincones del reino. Y aunque el príncipe demócrata ha tratado de mantenerse en el centro del tablero, las piezas más radicales de su propio partido amenazan con arrastrarlo hacia bordes peligrosos.

En materia de política exterior, la retirada de las tropas en Afganistán, un acto que pretendía cerrar un capítulo bélico interminable, se tornó una retirada apresurada y caótica. Un príncipe debe saber cuándo retirarse de la batalla, sí, pero también cómo hacerlo sin dejar tras de sí un sabor amargo de derrota y abandono.

En este juego de poder, Biden ha buscado ser el antídoto del tumultuoso reinado de su predecesor, el magnate convertido en monarca. Ha optado por una retórica de unidad sobre división, de promesas de estabilidad sobre el caos. Pero en un reino donde la mitad de los súbditos dudan de la legitimidad de su corona, la tarea es titánica y el tiempo, un juez implacable.

En el espejo de Maquiavelo, Biden deberá encontrar el equilibrio entre ser amado y temido, entre mantener a sus aliados cerca y a sus enemigos más cerca aún. La historia aún está por escribir si será recordado como el príncipe que navegó contra corriente para salvar a su nación o si será arrastrado por las turbulentas aguas de la disensión y la infortuna.

La danza de Biden con el poder está lejos de terminar y, como en los más oscuros cuentos de Maquiavelo, solo el tiempo dirá si su prudencia y experiencia serán suficientes para mantenerse en pie en el trono que tanto ha costado ocupar. Mientras tanto, el espectáculo de la política americana continúa, un drama sin fin donde cada acto puede ser una tragedia o una comedia, según el cristal con que se mire.

Capítulo 13.6: Donald Trump (2017 - 2021): El Príncipe de la Era Twitter

En la vorágine de la política estadounidense, un magnate sin filtro se alzó como el improbable cuadragésimo quinto presidente, un moderno príncipe maquiavélico que gobernó con la audacia de un león y la astucia de un zorro. Donald J. Trump, un nombre que ya resonaba en los rascacielos y en los programas de telerrealidad, se convirtió en el estandarte de un Partido Republicano que, aunque inicialmente titubeante, acabó rendido a sus pies.

Su ascenso al poder fue un manual de tácticas maquiavélicas impregnadas de siglo XXI. Trump, con su peculiar manejo de la retórica y su capacidad para manipular la gran escena mediática, hizo de las redes sociales su mejor fortaleza y del Twitter su espada. A través de 280 caracteres, lanzaba sus decretos, arremetía contra sus adversarios y delineaba una política exterior que dejaba al mundo en vilo.

El príncipe de Maquiavelo aconsejaba la fortaleza y la astucia como herramientas de gobierno, y Trump no escatimó en ninguna de las dos. Desplegó una política de 'America First' que sacudió los cimientos de las alianzas internacionales y se enfrentó con desdén a las normas no escritas del decoro político. Su reinado estuvo marcado por la controversia, desde la implementación de políticas migratorias de mano dura hasta la imposición de aranceles que desafiaron las sagradas escrituras del libre comercio.

Con un estilo directo y a menudo confrontacional, Trump supo cultivar una base de fieles seguidores que veían en él no solo a un líder, sino a un salvador de los valores tradicionales estadounidenses que, según percibían, estaban siendo erosionados. En los rallies, aquel príncipe de la era moderna arengaba a sus súbditos con la promesa de recuperar la grandeza perdida, mientras denostaba a la prensa y a sus oponentes políticos, a quienes no dudaba en calificar de 'fake news' o 'crooked'.

La administración Trump fue un campo de batalla constante, donde la lealtad era puesta a prueba y las purgas del gabinete recordaban las lecciones de Maquiavelo sobre la necesidad de controlar a los poderosos y mantener a raya a los ambiciosos. En este escenario, la figura del príncipe se erigía como el centro indiscutible del poder, imponiendo su voluntad con la certeza de quien se sabe respaldado por la mayoría silenciosa que lo llevó al trono.

Sin embargo, en la política como en la naturaleza, ningún reinado es eterno. Las elecciones de 2020 se convirtieron en el ocaso del príncipe Twitter, aunque él nunca admitiría su derrota, clamando en su lugar la existencia de un fraude orquestado en las sombras. La transición de poder se vio empañada por acusaciones y litigios, culminando en una insurrección que manchó las paredes del Capitolio con la sombra del caos.

Donald Trump dejó la Casa Blanca, pero no el escenario político. Como un príncipe maquiavélico en el exilio, sigue tejiendo influencia y preparando, quizás, su retorno. En la política, como en la guerra, nunca se puede subestimar al enemigo que, aunque herido, permanece con vida.

Y así, el Partido Republicano, transformado y a la vez atrapado en la figura de Trump, se encuentra en un cruce de caminos donde debe decidir si sigue el sendero del príncipe que redefinió su identidad o si busca redimirse a través de un nuevo liderazgo. Mientras tanto, el legado de Trump persiste, como un espejo de las enseñanzas de aquel oscuro renacentista que entendió que, en el juego del poder, a veces es necesario ser más león para espantar a los lobos y más zorro para reconocer las trampas.

Capítulo 13.7: Barack Obama (2009 - 2017): El Príncipe de la Esperanza y el Ajedrez Democrático

En la grandiosa partida de ajedrez que es la política estadounidense, el turno de Barack Obama fue una jugada maestra en la que se mezclaban la esperanza y la estrategia. Como buen discípulo de Maquiavelo, aunque no lo reconociera abiertamente, Obama entendió que para alcanzar el poder y mantenerlo, debía proyectar una imagen que encarnara la virtud y la renovación, algo que el pueblo estadounidense ansiaba fervientemente tras los conflictivos años de George W. Bush.

Su eslogan "Yes, we can" ("Sí, se puede") resonaba con la pureza de una promesa maquiavélica, donde el fin justificaba los medios. Y los medios, en este caso, eran las palabras y las emociones. Obama, con su oratoria hipnótica, supo enlazar los corazones de sus seguidores a un ideal de cambio, aunque la realidad del poder a menudo dictara un camino menos idílico.

Durante sus dos mandatos, Obama navegó por las turbulentas aguas de un país dividido, donde la oposición republicana le esperaba con la daga oculta de la intriga política. En este tablero, Obama supo mover sus piezas con una gracia que habría hecho sonreír al mismo Nicolás Maquiavelo. La reforma de salud, conocida como Obamacare, fue una de estas movidas audaces, una apuesta por la fortaleza de su imagen y por el bienestar de su pueblo, aunque los detractores la pintaran como un salto al vacío de la libertad individual.

Con un Nobel de la Paz bajo el brazo, recibido con la premura de quien aún no había desplegado su juego completo, Obama se movió en el terreno internacional con una mezcla de retirada y avance, retirada de Irak y avance con la operación que terminaría con Osama bin Laden. Estos movimientos demostraban que, si bien su retórica era de paz y cooperación, no temblaría su mano al ordenar el golpe letal cuando fuese necesario.

En la política interna, Obama también supo ser un maquiavélico jugador. Con suavidad, pero con firmeza, empujó hacia adelante los derechos de la comunidad LGBT, culminando con la legalización del matrimonio entre personas del mismo sexo en todo el país. Este movimiento no solo era un avance en derechos civiles, sino una jugada que solidificaba su base de apoyo y desorientaba a sus adversarios, obligándolos a luchar en un terreno moralmente complejo.

Aunque su presidencia no estuvo exenta de errores y críticas, como la vigilancia masiva destapada por Edward Snowden o la inestabilidad en Libia tras la intervención militar, Obama logró mantener una imagen de calma y control, de un líder que, aunque en la tormenta, no perdía la compostura. Supo ser el príncipe democrático que, aunque no siempre lograba el cambio prometido, inspiraba la creencia en la posibilidad de un futuro mejor.

Al final de su reinado, con la llegada de Donald Trump al poder, la figura de Obama adquirió un nuevo brillo, el de la nostalgia por un líder que, con todas sus complejidades y contradicciones, había sabido mantener un equilibrio entre la esperanza y la realidad del poder. Su legado, como todo en la vida y en la política, sería debatido y reinterpretado, pero una cosa quedaría clara: había jugado su partida con la destreza de quien conoce el precio del poder y la importancia de la imagen, un verdadero estudiante de las intrigas maquiavélicas en la capital.

Capítulo 13.8: George W. Bush (2001 - 2009): Juego de Tronos a la Texana

En el gran tablero de ajedrez que es la política estadounidense, cada movimiento es calculado con la precisión de un relojero suizo y la astucia de un zorro en el gallinero. Así fue como George W. Bush, hijo de un presidente y heredero de un legado, se alzó al poder en una partida digna de la estrategia maquiavélica.

El comienzo de su reinado, si podemos llamarlo así en términos democráticos, fue marcado por un acto que habría hecho sonreír al mismísimo Nicolás Maquiavelo, aunque con un toque de asombro ante la audacia: las elecciones del año 2000. La controversia en Florida, con aquellos votos colgantes que se balanceaban como en una danza macabra entre la legitimidad y la manipulación, fue un preludio de que este príncipe no tendría un camino de rosas.

En el arte de gobernar, Bush hijo entendió que el poder no se regala, se toma y se mantiene con garras y dientes, y si algo aprendió de su padre, fue que la presidencia es una cima solitaria donde las alianzas son tan volátiles como el precio del petróleo. Tras el ataque del 11 de septiembre de 2001, Bush encontró su "fortuna", ese acontecimiento imprevisto que Maquiavelo aconsejaba aprovechar. Y vaya si lo hizo, moviendo sus piezas con una destreza que transformó el miedo y el dolor en un apoyo casi incondicional de la nación y el Congreso.

La "Guerra contra el Terror" fue su gran cruzada, su excusa perfecta para ejercer el "virtù" maquiavélico, esa capacidad de actuar con firmeza y violencia cuando es necesario. Afganistán primero, Irak después, con armas de destrucción masiva que bailaban en el aire como las esquivas promesas de un tahúr. Bush supo que para mantenerse en el poder, debía mantener a sus enemigos más temerosos de él que él de ellos. Y así, el mundo se convirtió en un tablero de "Risk", donde las fichas se movían sin contemplaciones.

Al estilo de los Borgia, Bush se rodeó de consejeros que no dudaron en aplicar las enseñanzas del florentino cuando fue necesario. Cheney, Rumsfeld y el resto del gabinete orquestaron con habilidad política una sinfonía que mezclaba la defensa de la libertad con acordes de intervencionismo y un toque de petróleo. En política exterior, el príncipe Bush no dudaba en usar la zanahoria y el garrote, aunque el garrote solía ser de mayor tamaño.

En el ámbito doméstico, no obstante, la batuta se movía con una sutileza diferente. Bush, con la mirada puesta en su reelección, entendió que, como Maquiavelo aconsejaba, es mejor ser temido que amado, pero nunca odiado. Por ello, su política interna, aunque conservadora, buscó no alienar a las masas, con medidas como los recortes de impuestos y la reforma educativa, que cantaban al ritmo del "No Child Left Behind".

Cuando el huracán Katrina arrasó Nueva Orleans, la máscara del líder infalible se resquebrajó. La respuesta tardía y descoordinada fue una mancha en su armadura que ni el más habilidoso de los espadachines políticos podría haber esquivado. En aquel momento, el príncipe Bush mostró que incluso el más maquiavélico de los gobernantes no está libre de los caprichos de la "fortuna".

Al final de sus dos términos, el príncipe George W. Bush dejó un legado de controversias y decisiones que aún hoy siguen siendo analizadas y debatidas. Maquiavelo enseñó que el fin justifica los medios, y en el balance final, será la historia la que juzgue si la balanza de Bush padre se inclina a favor del virtuoso príncipe o del tirano despiadado. Lo que es seguro es que su juego de tronos a la texana mantuvo al mundo en vilo durante ocho años llenos de intrigas maquiavélicas en el capitolio.

Capítulo 13.9: Bill Clinton y el Arte de la Persuasión Sutil

En el vibrante ajedrez de la política estadounidense, el 42º presidente, William Jefferson Clinton, se deslizó por el tablero con una habilidad que habría arrancado una sonrisa de astucia al mismísimo Nicolás Maquiavelo. Su reinado, desde el alba del año 1993 hasta la despedida del 2001, fue un baile delicado entre la diplomacia y la sagacidad, un terreno fértil para el análisis bajo la lupa de las intrigas maquiavélicas.

El príncipe de Arkansas, como algunos le apodaban con un guiño cómplice, supo navegar en las turbulentas aguas de la política interna y externa con una destreza que rozaba la malicia poética. Su sonrisa carismática y su palabra fácil eran el envoltorio perfecto de una astucia que se movía tras bambalinas, siempre un paso adelante de sus adversarios.

Clinton, al igual que el príncipe ideal de Maquiavelo, comprendió que el poder no es un fin, sino un medio. Un medio para implementar una visión, para tejer alianzas, para seducir al pueblo y para, en los momentos de crisis, mostrar firmeza envuelta en terciopelo. Su política de "triangulación" era en sí misma una jugada maquiavélica; al adoptar elementos tanto de la izquierda como de la derecha, lograba desarmar a sus oponentes y atraer a una base más amplia de seguidores, confundiendo a quienes intentaban encajonarlo en una sola ideología.

El escándalo que mancharía su segunda presidencia, un lío de faldas que se convirtió en un espectáculo nacional, demostró que incluso el más hábil de los políticos no es inmune a la caída de Ícaro. Sin embargo, en su enfrentamiento con el Congreso, con la prensa y con la opinión pública, Clinton demostró una vez más su maestría en el juego del poder. En lugar de ser devorado por los lobos, sobrevivió al impeachment y salió, si no ileso, sí con una capacidad de recuperación que muchos atribuirían más a la suerte que a la perspicacia. Pero el lector perspicaz sabe que en política, la suerte es simplemente el disfraz que viste la estrategia bien ejecutada.

Maquiavelo enseñó que un gobernante sabio debe ser tanto zorro como león, y Clinton fue la encarnación de esa dualidad. Por una parte, el león que rugía con la economía en auge y la búsqueda de la paz en tierras extranjeras; por otra, el zorro que esquivaba con gracia las trampas y las controversias. Incluso cuando la verdad se retorcía y las medias verdades se convertían en armas, Clinton mostraba un dominio del arte de la retórica que dejaba a sus adversarios balbuceando en su propio desconcierto.

Al final de su mandato, la nación se encontraba en un período de prosperidad relativa, y aunque las sombras de la duda y la controversia nunca se disiparon del todo, Clinton demostró que la historia la escriben quienes saben manipular la pluma con la misma habilidad con que manejan el cetro.

Y así, el príncipe de nuestra era moderna, con sus maquinaciones y su sonrisa de Cheshire, dejó un legado que aún despierta admiración y crítica. En los anales de la historia política, Bill Clinton se aseguró un capítulo que se estudiará y se debatirá, un caso digno de las reflexiones maquiavélicas y una demostración de que el poder, en manos de un consumado artista, puede ser tanto una obra de arte como una espada de doble filo.

Capítulo 14: Nuevas Tecnologías, Inteligencia Artificial

En la era del silicio y el bit, los antiguos pergaminos de Machiavelli han mutado en códigos binarios. Hoy, el príncipe moderno se enfrenta a un reino digital tan vasto como incomprensible para el lego. La inteligencia artificial, esa alquimia de nuestros días, se ha convertido en el arma más codiciada en la arena política, tanto para ejercer el poder como para mantenerlo.

No es casualidad que durante la presidencia de Obama, se sembraron las semillas del big data y la vigilancia masiva, herramientas que, como buen discípulo de Machiavelli, supo que serían fundamentales para comprender y manipular los entresijos del poder. Sin embargo, fue durante la administración Trump cuando la inteligencia artificial tomó un papel protagónico, convirtiéndose en el juglar y el verdugo de la opinión pública.

Trump, con su instinto de reality show, intuyó que la inteligencia artificial no era solo un mecanismo de espionaje sino también de entretenimiento. Su administración utilizó los algoritmos como un maestro de marionetas, polarizando a la población y creando un espectáculo permanente que distraía mientras se tejían las verdaderas intrigas en las sombras.

Biden, por su parte, ha heredado este coloso tecnológico y, en un intento de apaciguar los ánimos, ha promovido una visión más ética y regulada de la inteligencia artificial. No obstante, la bestia ya ha sido liberada y su potencial para influir en las elecciones y en la política global es un Leviatán que no se puede ignorar.

A su vez, Bush y Clinton, aunque gobernaron en los albores de esta nueva era, sentaron las bases para esta revolución digital. Clinton, con la apertura de las autopistas de la información, y Bush, con su respuesta a la seguridad nacional post 9/11, contribuyeron a la creación de un estado en el que la vigilancia se ha vuelto omnipresente.

Los cinco príncipes enfrentaron y enfrentan la disyuntiva de cómo utilizar la inteligencia artificial: ¿como un medio para fortalecer la democracia y la transparencia, o como una herramienta para consolidar el poder y controlar a la población? En este juego de tronos digital, los ciudadanos son tanto peones como espectadores, y la manipulación de la información se ha convertido en la espada más filosa.

Y aquí entra el Machiavelli del siglo XXI, aquel que sabe que el control de los datos es el control del poder. Los líderes actuales deben aprender a bailar al son que toca la inteligencia artificial, sin caer en su propia trampa. Deben ser astutos, deben anticipar y, sobre todo, deben conocer el terreno que pisan, porque en este nuevo campo de batalla, quien posea la llave maestra de la inteligencia artificial puede llegar a ser un príncipe casi omnipotente.

Pero cuidado, que el poder absoluto que promete la inteligencia artificial puede ser también un espejismo. Como bien enseñó Machiavelli, la fortuna es voluble y el poder, efímero. En este nuevo capítulo de la historia, el príncipe que no se adapte a las corrientes cambiantes de la tecnología está destinado a ser relegado al olvido, o peor aún, a convertirse en un simple byte en la vasta memoria de la historia digital.

Capítulo 14.1: Armas de Destrucción Masiva de la Verdad y su Relación con el Maquiavelismo

En el tablero de ajedrez que es la política estadounidense, las piezas se mueven con una destreza que haría palidecer al propio Nicolás Maquiavelo. Se juega una partida donde la verdad es un peón más, sacrificable y moldeable. En esta arena, las verdades absolutas son tan raras como los unicornios, y los líderes se tornan alquimistas que transmutan los hechos en armas de destrucción masiva de la verdad.

La mentira, esa vieja conocida del poder, se ha vestido de gala en los últimos tiempos. Se ha sofisticado y tecnificado, adoptando formas que van desde la posverdad hasta las fake news. Los líderes, en su afán de perpetuarse en el poder o desacreditar al adversario, la emplean sin pudor, siguiendo el manual maquiavélico al pie de la letra: "El fin justifica los medios".

Tomemos, por ejemplo, la figura de Donald Trump. Su mandato fue una masterclass de maquiavelismo en la era digital. Con una habilidad digna de un prestidigitador, Trump convirtió la mentira en un espectáculo mediático, utilizando Twitter como su varita mágica. La verdad se convirtió en un concepto fluido, y la realidad, un ente maleable a voluntad del mago de la Casa Blanca.

Pero no nos engañemos en una visión unidimensional, pues el arte de tergiversar la verdad no es exclusivo de un solo partido ni de un solo hombre. La administración Biden, con un tono más sobrio y menos estridente, también hace uso de estos artilugios. La diferencia quizá radique en el estilo, en la sutileza con que se deslizan las verdades a medias y las omisiones calculadas, que son, a fin de cuentas, primas hermanas de las mentiras flagrantes.

Y qué decir de Obama, con su carisma y su elocuencia, capaz de envolvernos en un manto de esperanza mientras desplegaba drones en el firmamento ajeno. O de Bush, con su cruzada contra el "eje del mal", donde las armas de destrucción masiva se esfumaron como un espejismo en el desierto iraquí. Clinton, por su parte, nos ofreció un curso avanzado de cómo la verdad puede ser elástica, dependiendo de qué significado se le atribuya a "ser".

En este contexto, la verdad se convierte en un ente esquivo, una Damocles que pende sobre la cabeza de aquellos que se atreven a desafiar la narrativa dominante. Los líderes, maestros de la manipulación, se han convertido en pirotécnicos de la información, lanzando al aire fuegos artificiales que deslumbran y confunden a la audiencia, dejando un humo denso que oculta la realidad.

La relación entre el maquiavelismo y la destrucción de la verdad es, pues, íntima y compleja. Cual alquimistas del poder, los políticos transforman el plomo de la mentira en el oro del consenso fabricado. Y así, en un mundo donde la verdad es un arma más, los ciudadanos nos convertimos en soldados de una guerra que no comprendemos del todo, luchando en un campo de batalla donde la primera baja es, invariablemente, la realidad misma.

En este juego de espejos y sombras, Maquiavelo sonreiría satisfecho desde las sombras. La verdad, esa esquiva presa, sigue siendo la víctima propiciatoria de una clase política que ha hecho del engaño un arte y de la manipulación, una ciencia. La verdad es la nueva arma de destrucción masiva, y en su nombre, se libran las más encarnizadas batallas de nuestro tiempo.

14.2 Conclusión: La Maquiavelada Americana

En el ruedo político contemporáneo de la nación estrellada, donde la sombra de Maquiavelo se proyecta con sorna sobre el Capitolio, hemos presenciado la encarnación de sus lecciones en los actos y dramas de sus últimos cinco emperadores. Han desfilado ante nosotros, con más o menos gracia, con más o menos desdén, pero siempre con la mano sobre el tablero de ajedrez que es el poder. Trump, Biden, Obama, Bush, Clinton; nombres que resonarán en la historia, no solo por sus políticas o escándalos, sino por cómo han danzado con la ambición y la moral, al ritmo que el florentino compuso hace siglos.

Donald Trump, el empresario convertido en líder, demostró que no hay necesidad de ser amado cuando se puede ser temido, aunque jamás comprendió que el temor debe ir acompañado de astucia y no de estridencia. Su mandato fue un espectáculo de fuegos artificiales, deslumbrante y ruidoso, pero efímero, que no supo evitar el canto de las sirenas del impeachment ni la traición de sus propios confesores.

Joe Biden, el veterano de mil batallas, asumió el bastón presidencial en una época de pandemia y polarización, intentando encarnar la virtud maquiavélica de la prudencia. Sin embargo, en la búsqueda de ser el pacificador, a menudo ha parecido más un funambulista tratando de no caer en la cuerda floja de la política partidista, mientras su propia sombra conspira contra la percepción de fortaleza necesaria para gobernar.

Barack Obama, el príncipe que cautivó con su elocuencia y promesas de cambio, se vio atrapado entre lo ideal y lo posible, entre el arte de lo que se dice y el arte de lo que se hace. Fue el rostro amable del poder, aquel que entendió que la imagen y la palabra pueden ser tan afiladas como la espada, aunque a veces corten menos de lo que uno espera.

George W. Bush, el heredero de una dinastía, cuya presidencia estuvo marcada por la tragedia y la guerra, mostró que el miedo es un aliado poderoso para unificar, pero también un veneno que puede corroer las libertades cuando se aplica sin mesura. El príncipe que buscó ser protector de su pueblo, pero que a menudo fue visto como el beligerante de tierras lejanas.

Bill Clinton, el carismático seductor, que utilizó su encanto para navegar por los turbulentos mares de la política interior y exterior, comprendió que para mantener el poder uno debe ser tanto zorro como león, aunque en ocasiones el zorro caiga en su propia trampa y el león no oiga el sigiloso paso del cazador.

Estos líderes, con sus luces y sombras, han tejido la urdimbre de la política estadounidense con hilos sacados de las enseñanzas de un italiano del siglo XV. La pregunta que permanece en el aire, impregnada del aroma de las intrigas pasadas y presentes, es si el futuro nos revelará un príncipe que haya aprendido a balancear con maestría el poder y la ética, la astucia y la compasión, para no solo sobrevivir en el juego, sino también para elevar el alma de la política.

Maquiavelo nos enseñó que el fin justifica los medios, pero dejó en el aire si esos fines deben ser siempre la gloria del príncipe o el bienestar del principado. Los jugadores han cambiado, los tiempos son otros, pero el juego... ah, el juego sigue siendo el mismo. Y mientras el Capitolio siga en pie, los ecos de las intrigas maquiavélicas resonarán en sus columnas, recordándonos que el poder es un baile eterno, y que la música nunca deja de sonar.

Capítulo 15: La Perenne Relevancia de Maquiavelo en la Coyuntura Actual

En las entrañas del Capitolio, donde los corredores susurran secretos de antaño y las paredes parecen erigirse como testigos mudos de la sempiterna danza del poder, la figura de Maquiavelo se pasea con la soltura de quien sabe que, a pesar de los siglos, su obra es aún un manual imprescindible para quienes desean descifrar las complejas coreografías del dominio y la influencia.

No es casualidad que en esta era de titulares efímeros y tuits incendiarios, los principios del florentino permanezcan vigentes. En la política actual, donde la sombra de Trump aún planea con la densidad de una tragedia shakespeariana, y Biden intenta, con paso firme aunque vacilante, desentrañar el nudo gordiano que este ha dejado, el eco de Maquiavelo resuena con claridad.

El "The Prince" moderno no es otro que el exmandatario de la melena indomable y la retórica inflamable, cuya habilidad para navegar el tumultuoso océano de la opinión pública se asemejaba más a la de un pirata temerario que a la de un capitán de aguas tranquilas. Trump, con su instinto maquiavélico para detectar el miedo y la esperanza de sus súbditos, supo capitalizar ambos sentimientos con la maestría de un alquimista político.

En el otro extremo, encontramos a Biden, quien con la paciencia de un monje y la visión de un estadista, intenta aplicar una versión más benevolente de las lecciones maquiavélicas, buscando ser el príncipe que el pueblo anhela y necesita, pero sin olvidar que todo gobernante debe mantener una cierta dosis de astucia y pragmatismo.

Obama, por su parte, con su elocuencia casi mesiánica y su habilidad para tejer alianzas, encarnó aquel aspecto de

Maquiavelo que aboga por la virtud y la fortuna. Su gobierno fue un ajedrez donde cada movimiento estaba impregnado de una intención estratégica, y aunque su caballerosidad a veces parecía retroceder ante los peones de la oposición, su legado dejó claro que la dignidad no está reñida con el poder.

Volviendo un poco más en el tiempo, encontramos a Bush y Clinton, cada uno con su propia interpretación del manual del florentino. El primero, con la contundencia de quien creía en la necesidad de la fuerza para preservar el Estado, y el segundo, con la astucia de un zorro que sabía que la palabra y la imagen podían ser tan poderosas como cualquier ejército.

Es así como Maquiavelo sigue siendo relevante, su nombre se murmura en cada decisión, en cada concesión y en cada batalla mediática. Los principios de "El Príncipe" se manifiestan en las decisiones de seguridad nacional, en las estrategias de campaña y en las alianzas internacionales.

En un mundo donde la información fluye con la rapidez de un chasquido y la opinión pública es tan volátil como el viento, los políticos deben ser más maquiavélicos que nunca, aunque muchos lo nieguen. Deben saber cuándo ser leones y cuándo ser zorros, cuándo mostrar la espada y cuándo ofrecer la rosa.

La supervivencia política en estos tiempos convulsos no admite ingenuidades ni buenismos excesivos. Aquellos en el poder deben estudiar y adaptar las enseñanzas de Maquiavelo a la realidad contemporánea, porque en el juego del trono de la democracia, o aprendes a ser un príncipe astuto o te arriesgas a ser un simple peón en el tablero de alguien más astuto aún.

Y así, las intrigas maquiavélicas perduran, susurrando en los oídos de los poderosos que, en el fondo, el Capitolio no es más que un escenario renacentista disfrazado de modernidad, donde la obra de Maquiavelo sigue siendo el guion que todos, tarde o temprano, acaban por recitar.

Capítulo 15.1: Global

En este ajedrez sin fronteras que jugamos, los peones se mueven al ritmo de las intrigas maquiavélicas, y las potencias muestran sus dientes a la luz de la luna de la geopolítica. El juego es global, y en él, los movimientos de Estados Unidos son seguidos con la misma avidez con que se descorre una cortina en un teatro de sombras.

Si Maquiavelo levantara la cabeza y pusiera sus ojos sobre el tablero actual, encontraría un festín de astucias y poderío. Los líderes de las últimas décadas, desde Clinton hasta Biden, pasando por la inolvidable estampa de Trump, han tejido una red de influencias que no reconoce límite alguno en su expansión, ni siquiera en el vasto océano de la política internacional.

Bill Clinton, con su sonrisa de chico bueno, supo jugar la partida global con un aire de saxofón que relajaba a sus aliados y adormecía a sus enemigos. Pero no nos engañemos, detrás de esa fachada de bonhomía, había un cálculo preciso, una estrategia de expansión económica y cultural que sentaría las bases de la globalización actual.

George W. Bush, en su rancho de Texas, nos mostró que el cowboy también podía ser un estratega en el arte de la guerra. Con el pretexto de la justicia y la libertad, movió sus tropas al otro lado del mundo, estableciendo un precedente de intervencionismo que resonaría en los pasillos del poder durante años venideros.

Obama, el orador de sueños, utilizó la sutileza de su retórica para tejer alianzas y establecer su visión de un mundo más cooperativo. Pero, como buen conocedor de las enseñanzas de Maquiavelo, sabía que en la diplomacia, como en el amor, a veces es necesario ser un poco frío para mantener encendida la llama de la influencia.

Y luego llegó Trump, el disruptor, el empresario convertido en comandante, cuyo estilo frontal y directo parecía sacado de un reality show más que de una sala de estrategia. Con su peculiar manera de gobernar, desechó los convencionalismos y jugó a la política global como quien juega al póker en un casino de Atlantic City, con apuestas altas y una cara de póker que desconcertaba a propios y extraños.

Ahora, con Biden al timón, el barco de la diplomacia estadounidense busca volver a aguas más calmadas, retornando a los acuerdos multilaterales y reforzando alianzas. No obstante, la sombra de los anteriores inquilinos de la Casa Blanca se proyecta larga y oscura sobre sus decisiones, recordándonos que, aunque los jugadores cambien, el juego sigue siendo el mismo.

En este capítulo de intrigas globales, Estados Unidos se mueve como un gigante que, consciente de su poder, no siempre sabe en qué espejo reflejarse. Los principios maquiavélicos de poder y control se aplican con una pátina de modernidad, pero la esencia permanece intacta, recordándonos que, en el fondo, poco ha cambiado desde los tiempos de 'El Príncipe'.

Las piezas siguen moviéndose, y el mundo observa. Al fin y al cabo, en esta partida global, el poder no conoce de límites, y la influencia se extiende mucho más allá de las fronteras de cualquier nación. Bienvenidos al escenario mundial, donde las intrigas maquiavélicas son el plato principal y cada movimiento se sirve con una guarnición de interés nacional.

Capítulo 15.2: El Espectáculo y sus Danzas en el Tablado de ajedrez Americano

En el ajedrez político del escenario estadounidense, cada movimiento es crucial, reflejando la profundidad de un "enroque", la audacia de un "avance de peón" y la precisión de un "jaque mate". Estos movimientos, aunque sutiles en su naturaleza, determinan con astucia el juego de los peones, alfiles, torres y caballos en el tablero del poder. No son solo términos, sino símbolos de tácticas y estrategias que marcan el ritmo de la compleja partida que se juega en el Capitolio.

El "enroque", usado hábilmente, representa las maniobras de protección y fortalecimiento, a menudo vistas en cambios de gabinete o alianzas estratégicas. Es como un capítulo no escrito de "El Príncipe" de Maquiavelo, analizado con la astucia de un zorro y la fuerza de un león.

Durante la era de Trump, el "avance de peón" se manifestó en la forma de decretos imprevistos y comunicaciones impactantes, un ataque directo a los cimientos de la política tradicional. Trump, como un príncipe moderno, utilizó la sorpresa y la audacia, moviendo sus peones con una estrategia que desestabiliza a los adversarios y fortalece a los aliados.

Bajo la administración de Biden, el "jaque mate" tomó un cariz más diplomático pero igualmente estratégico. Aquí, se ve la paciencia de un ajedrecista, moviendo su torre o su dama con la calma de quien sabe que el juego se gana en los últimos movimientos, pensando siempre varios pasos adelante.

Obama, con su elocuencia y carisma, utilizó el "caballo" con habilidad, saltando sobre obstáculos y llegando a lugares inesperados, haciendo movimientos que parecían naturales y no calculados. Cada ley y cada reforma eran como el movimiento de un caballo, meticulosamente planificado para resonar en el corazón de una nación.

Bush, con determinación, jugó el "alfil", moviéndose en diagonales, afrontando la crisis y el conflicto con una estrategia que cortaba a través de los desafíos convencionales, buscando llevar claridad en momentos oscuros.

Clinton, por su parte, jugó con la astucia del "peón", avanzando con cautela pero de manera constante, sabiendo que en el juego de ajedrez, incluso el más humilde de los peones puede convertirse en una pieza poderosa. Su pragmatismo y capacidad de adaptación fueron clave en un juego donde la economía y la política internacional demandaban flexibilidad y astucia.

Así, el juego del poder en la política estadounidense es un reflejo de estos principios maquiavélicos, donde no solo se necesita virtud, sino también astucia, adaptabilidad y a veces firmeza. En este escenario, donde los actores entran y salen con frecuencia, aquellos que entienden y aplican las tácticas del ajedrez, desde el "enroque" hasta el "jaque mate", continúan dirigiendo el juego, aunque sus movimientos a menudo pasen desapercibidos.

15.3 Hablemos de Jaque Mate en el Capitolio

En el ajedrez político que se desarrolla en el teatro estadounidense, el "jaque mate" es una metáfora que, aunque sutil en su naturaleza, determina con astucia el juego de los peones y las torres en el tablero del poder. No es solo un término, sino un símbolo, una táctica que marca el ritmo de la partida de ajedrez que se juega en el Capitolio.

Este "jaque mate" es el reflejo de un movimiento estratégico, una maniobra planeada en los rincones más reservados de los despachos, donde se intercambian alianzas y estrategias con la discreción de un gran maestro de ajedrez. Es el capítulo no escrito de "El Príncipe" de Maquiavelo, una obra que seguramente él habría analizado con la astucia de un zorro y la fuerza de un león.

Durante la era de Trump, este "jaque mate" se manifestó en la forma de decretos imprevistos y comunicaciones impactantes, donde cada movimiento parecía ser un ataque directo a los cimientos de la política tradicional. Trump, como un príncipe moderno, comprendió que la sorpresa y la audacia son herramientas que desestabilizan a los adversarios y fortalecen a los aliados.

Bajo la administración de Biden, este "jaque mate" adoptó una forma más diplomática pero igualmente estratégica. La paciencia y el análisis son los componentes clave de esta nueva estrategia. Aquí, el "jaque mate" es la paciencia de un jugador de ajedrez que mueve su torre con la calma de quien sabe que el juego se gana en los últimos movimientos.

Obama, con su elocuencia y carisma, jugó su "jaque mate" con una habilidad que parecía natural y no calculada. Cada ley, cada reforma, cada discurso, eran movimientos de una partida meticulosamente planificada para resonar en el corazón de una nación dividida buscando unidad.

Bush, con la determinación que le caracterizaba, ejecutó su "jaque mate" con la convicción de quien cree firmemente en su misión. En tiempos de crisis y conflicto, su "jaque mate" fue la mano firme de un líder que, en momentos oscuros, buscaba llevar claridad, aunque a veces esta se manifestara en forma de confrontación.

Clinton, por su parte, jugó su "jaque mate" con la destreza de un músico que cautiva a su público con melodías envolventes. El pragmatismo y la capacidad de adaptación fueron sus movimientos clave, en una época donde la economía y la política internacional demandaban un juego entre lo tradicional y lo innovador.

Por lo tanto, el "jaque mate" en la política estadounidense no es más que el reflejo de ese principio maquiavélico que dicta que para mantener el poder no solo se necesita virtud; se requiere astucia, adaptabilidad y, a veces, firmeza. En el escenario político de Estados Unidos, donde los actores entran y salen con la frecuencia de las estaciones, aquellos que entienden y aplican las tácticas del "jaque mate" continúan dirigiendo el juego, aunque sus movimientos a menudo pasen desapercibidos para el público.

Capítulo 16: Referencias y Lecturas Adicionales

En el juego de ajedrez que es la política contemporánea, cada movimiento se traza con la sutileza de un pincel cargado de historia y maquinación. Nuestros actuales protagonistas, desde el impredecible Trump hasta el calculador Biden, pasando por el carismático Obama, el firme Bush y el astuto Clinton, han jugado sus partidas en el tablero estadounidense con distintos grados de adherencia a los preceptos maquiavélicos. Para aquellos lectores con sed de profundizar en el estudio de estas personalidades y sus estrategias, se ofrece a continuación un compendio de referencias y lecturas adicionales que iluminarán aún más los oscuros recovecos del poder y la influencia.

1. "El Príncipe" de Nicolás Maquiavelo: La obra cumbre que articula la naturaleza del poder y la política, indispensable

para comprender los fundamentos que se aplican (o se ignoran) en la arena política actual.

2. "The Art of the Deal" de Donald J. Trump con Tony Schwartz: Un vistazo a la mente de un hombre cuyas tácticas de negociación lo llevaron a la presidencia, revelando el pragmatismo y el ego que han caracterizado su mandato.

3. "Promise Me, Dad: A Year of Hope, Hardship, and Purpose" de Joe Biden: Esta memoria personal ofrece una perspectiva íntima de la vida y la carrera política de Biden, incluyendo su enfoque hacia el liderazgo y la toma de decisiones.

4. "A Promised Land" de Barack Obama: El primer volumen de las memorias presidenciales de Obama, detallando su visión política y sus años en la Casa Blanca, es una pieza clave para entender su filosofía de liderazgo.

5. "Decision Points" de George W. Bush: Bush reflexiona sobre los momentos críticos de su presidencia, brindando una ventana a su proceso de toma de decisiones y su perspectiva sobre el poder.

6. "My Life" de Bill Clinton: La extensa autobiografía de Clinton abarca su vida desde la infancia hasta la presidencia, ofreciendo un análisis de su enfoque político y su habilidad para la supervivencia política.

Para aquellos con un apetito insaciable por las maniobras detrás de la cortina, se recomiendan las siguientes obras adicionales:

7. "The Laws of Human Nature" de Robert Greene: Aunque no se centra exclusivamente en política, este libro explora las motivaciones y estrategias que guían el comportamiento humano, algo esencial para entender a los políticos y sus electores.

8. "Fear: Trump in the White House" de Bob Woodward: Un relato crudo de la presidencia de Trump, basado en entrevistas detalladas y fuentes internas, que pinta un retrato de un líder en constante conflicto con sus asesores y la realidad.

9. "The Fifth Risk" de Michael Lewis: Esta obra explora la transición de la administración Obama a la de Trump y las consecuencias de la falta de preparación y respeto por el conocimiento experto en el gobierno.

10. "The Audacity of Hope" de Barack Obama: Antes de ser presidente, Obama escribió este libro que detalla sus reflexiones sobre la política estadounidense y su visión para el futuro del país.

11. "The Road to Character" de David Brooks: Aunque no es específicamente sobre los presidentes mencionados, ofrece

una perspectiva sobre la importancia de la formación del carácter en los líderes, algo que Maquiavelo habría considerado esencial.

Para comprender la naturaleza cambiante de la política estadounidense y las dinámicas de poder que definen su curso, es fundamental que el lector se arme con el conocimiento que estas obras proveen. Este listado no es exhaustivo, pero proporciona una base sólida para aquellos que buscan entender las complejidades de los juegos de poder en la cima de la democracia más influyente del mundo.

Estudiar estas páginas es sumergirse en un océano de ambición y estrategia, donde la enseñanza de Maquiavelo se entrelaza con las vidas y legados de los líderes de la nación más poderosa del planeta. Que el lector avance sabiendo que la comprensión del poder es un camino sin fin, y que cada página es un paso más en la escalera de la astucia y el entendimiento.

Capítulo 17: El Decálogo Machiavélico del Capitolio

En los retorcidos corredores del poder, donde las sombras se funden con los murmullos de traiciones y alianzas, la figura de Nicolás Maquiavelo emerge como un espectro que aún susurra consejos al oído de los poderosos. Su voz, plasmada en 'El Príncipe', resuena con una actualidad que hiela la sangre de quienes creen en la inocencia de la política. Este capítulo se erige como un índice que desentraña y adapta los axiomas maquiavélicos a las jugadas de ajedrez protagonizadas por Trump, Biden, Obama, Bush y Clinton, aquellos artífices modernos que han tejido la historia reciente de la nación más poderosa del orbe.

1. El fin justifica los medios: Trump, con su bravuconería y tacto de elefante en una cacharrería, pareció encarnar este principio como ningún otro. Su presidencia fue un manual sobre cómo los objetivos pueden eclipsar la moralidad, y cada paso que dio, ya sea el muro fronterizo o la guerra comercial con China, fue un compendio de la utilidad por encima de la ética.

2. Mejor ser temido que amado: Obama, con su sonrisa que encandila y su oratoria que enamora, podría parecer la antítesis de este precepto. Sin embargo, tras ese rostro amable se escondía un estratega que desplegaba drones y operaciones especiales, mostrando que incluso el líder más carismático no evade la necesidad del temor para mantener el orden mundial.

3. La fortuna frente a la virtud: Bush, con su 'misión cumplida' y la incursión en tierras mesopotámicas, nos recordó que la suerte es voluble y que, sin la virtud —o en su defecto, la astucia—, hasta la más poderosa de las potencias puede quedar atrapada en arenas movedizas.

4. El arte de la guerra: Clinton, con su saxofón y su carisma sureño, supo que la política es un perpetuo campo de batalla.

Su intervención en los Balcanes y la flexibilidad con la que manejó los conflictos internacionales fueron una danza en el filo de la navaja, una coreografía maquiavélica en el tablero global.

5. La necesidad de los consejeros: Biden, el veterano de mil batallas legislativas, entiende que un príncipe necesita de sabios asesores. Su gabinete, una amalgama de experiencia y diversidad, es el eco de aquel consejo maquiavélico que pregonaba la importancia de rodearse de aquellos que saben lo que no sabes.

El análisis de estas figuras y sus acciones a través de la lente maquiavélica nos provee no solo de una visión más amplia y detallada de la política actual, sino también de una comprensión profunda de cómo las ideas del florentino se aplican con una relevancia que parece burlarse del paso de los siglos.

En un mundo donde la política se ha convertido en un espectáculo para las masas, donde la verdad es tan plástica como las promesas electorales, Machiavelli sigue siendo el guionista principal de una obra que se repite con distintos actores pero con el mismo guión. Su obra no es solo teoría recubierta de polvo en estanterías de bibliotecas, sino un manual vivo que susurra en el oído de aquellos que, en su ímpetu de alcanzar y conservar el poder, se convierten en discípulos de un maestro que nunca ha dejado de enseñar.

Y así, en el retablo político estadounidense, cada movimiento, cada alianza y cada traición son notas al pie en este decálogo machiavélico que, lejos de ser una reliquia, se confirma como el guión de un capitolio que no ha perdido el gusto por las intrigas renacentistas, vestidas, eso sí, con la indumentaria del siglo XXI.

EPILOGO POR GREGORIO NEGRO

Título: "El Príncipe" de Maquiavelo y su Sorprendente Relevancia en la Comedia de la Política Americana Moderna

¿Quién hubiera pensado que Niccolò Maquiavelo sería el guionista no acreditado de la política estadounidense? Su clásico "El Príncipe" parece más un manual de instrucciones que una obra del Renacimiento para los inquilinos de la Casa Blanca desde Clinton hasta Biden. Veamos cómo cada uno interpretó su papel en esta tragicomedia política.

El Realismo Cínico de Obama a Trump Primero, Obama, el pragmático sonriente, manejó la crisis financiera con un realismo que haría que Maquiavelo se hinchara de orgullo. Luego, Trump, con su gestión de la pandemia, demostró que incluso una crisis sanitaria puede ser una oportunidad para fortalecer la economía... o al menos, intentarlo.

Bush y Trump: El Fin Justifica los Medios... ¿Verdad? La era de Bush nos trajo aventuras militares en tierras lejanas, todo por la "seguridad nacional". Mientras tanto, Trump, con su muro fronterizo y políticas de inmigración, nos recordó que no hay límite para lo que puedes hacer en nombre de la "seguridad". Maquiavelo estaría confundido, ¿era esto una estrategia o una sátira?

Clinton y Obama: Carismáticos hasta el Final Clinton y Obama deben haber tomado notas de la sección "Cómo ser querido y no perder el poder" del manual de Maquiavelo. Carismáticos, elocuentes y siempre con una sonrisa, demostraron que un poco de encanto puede ir muy lejos. Y si eso no funciona, siempre hay saxofón y baloncesto.

Trump: El Rey del Drama y la Polarización Trump, por otro lado, optó por la ruta del drama y la polarización. Si Maquiavelo hubiera conocido Twitter, probablemente habría escrito un capítulo adicional solo para él.

Biden: El Camaleón Político Biden, el más reciente de los maquiavélicos, ha mostrado una habilidad camaleónica para adaptarse a cualquier situación política. Desde el pragmatismo en política exterior hasta el tira y afloja con el Congreso, su adaptabilidad sería digna de un episodio en una serie política.

Conclusión: La Política, Esa Comedia Infinita, En conclusión, estos presidentes han demostrado que Maquiavelo no solo era un teórico político, sino también un profeta involuntario del circo político moderno. A través de realismo cínico, justificación de medios cuestionables, carisma deslumbrante, drama sin fin y adaptabilidad camaleónica, la política estadounidense parece menos un gobierno y más una adaptación de "El Príncipe" para el público del siglo XXI. Maquiavelo estaría entretenido... o aterrado.

www.ingramcontent.com/pod-product-compliance
Lightning Source LLC
Chambersburg PA
CBHW070835250726
48662CB00003B/1235